उर्वशी

उर्वशी

रामधारी सिंह 'दिनकर'

लोकभारती प्रकाशन

लोकभारती प्रकाशन
पहली मंजिल, दरबारी बिल्डिंग, महात्मा गांधी मार्ग
प्रयागराज-211 001

वेबसाइट : www.lokbhartiprakashan.com
ईमेल : info@lokbhartiprakashan.com

शाखाएँ : 1-बी, नेताजी सुभाष मार्ग, दरियागंज
नई दिल्ली-110 002
अशोक राजपथ, साइंस कॉलेज के सामने
पटना-800 006

पहला संस्करण : 1961
अठाइसवाँ संस्करण : 2024

मुद्रक : यश प्रिंटोग्राफिक्स
नोएडा-201 301, (उत्तर प्रदेश)

URVASHI
Poetry by Ramdhari Singh 'Dinkar'

ISBN : 978-81-8031-316-5

मूल्य : ₹ 595

समर्पण

अप्सरा-लोक के कवि

श्री सुमित्रानन्दन पन्त के योग्य

कामः तदग्रे समवर्त्तताधि...

[ऋग्वेद]

अकामस्य क्रिया काचिद् दृश्यते नेह कर्हिचित्।

[मनुस्मृति]

कामः सर्वमयः पुर्सा स्व-संकल्प-समुद्भवः
कामात् सर्वे प्रवर्तन्ते, लीयन्ते वृद्धिमागताः।

[शिवपुराण]

धर्मादर्थः अर्थतः कामः, कामाद्धर्मफलोदयः।

[पद्मपुराण]

यथा पुष्प-फलं काष्ठात् कामः धर्मार्थयोः वरः।

[महाभारत]

भूमिका

पुरूरवा और उर्वशी की कथा कई रूपों में मिलती है और उसकी व्याख्या भी कई प्रकार से की गई है।

राजा पुरूरवा सोम-वंश के आदि-पुरुष हुए हैं। उनकी राजधानी प्रयाग के पास, प्रतिष्ठानपुर में थी। पुराणों में कहा गया है कि जब मनु और श्रद्धा को सन्तान की इच्छा हुई, उन्होंने वशिष्ठ ऋषि से यज्ञ करवाया। श्रद्धा की मनोकामना थी कि वे कन्या की माता बनें, मनु चाहते थे कि उन्हें पुत्र प्राप्त हो। किन्तु, इस यज्ञ से कन्या ही उत्पन्न हुई। पीछे, मनु की निराशा से द्रवित होकर वशिष्ठ ने उसे पुत्र बना दिया। मनु के इस पुत्र का नाम सुद्युम्न पड़ा।

युवा होने पर सुद्युम्न, एक बार आखेट करते हुए किसी अभिशप्त वन में जा निकले और शापवश, वे युवा नर से युवती नारी बन गए और उनका नाम इला हो गया। इसी इला का प्रेम चन्द्रमा के नवयुवक पुत्र बुध से हुआ, जिसके फलस्वरूप, पुरूरवा की उत्पत्ति हुई। इसी कारण, पुरूरवा को ऐल भी कहते हैं और उनसे चलनेवाले वंश का नाम चन्द्रवंश है।

उर्वशी की उत्पत्ति के विषय में दो अनुमान हैं। एक तो यह कि जब अमृत-मन्थन के समय समुद्र से अप्सराओं का जन्म हुआ, तब उर्वशी भी उन्हीं के साथ जन्मी थी। दूसरा यह कि नारायण ऋषि की तपस्या में विघ्न डालने के निमित्त जब इन्द्र ने उनके पास अनेक अप्सराएँ भेजीं,

तब ऋषि ने अपने ऊरु को ठोंककर उसमें से एक ऐसी नारी उत्पन्न कर दी, जो उन सभी अप्सराओं से अधिक रूपमती थी। यही नारी उर्वशी हुई और उर्वशी नाम उसका इसलिए पड़ा कि वह उरु से जन्मी थी।

भगीरथ की जाँघ पर बैठने के कारण गंगा का भी एक नाम उर्वशी है। देवी भागवत के अनुसार, बदरी धाम में जो देवी-पीठ है, उसे उर्वशी-तीर्थ कहते हैं। नर-नारायण की तपस्या-भूमि बदरी धाम में ही थी। सम्भव है, उर्वशी-तीर्थ उसी का स्मारक हो!

इस कथा का प्राचीनतम उल्लेख ऋग्वेद में मिलता है। किन्तु, उस सूक्त से इतना ही विदित होता है कि उर्वशी पुरूरवा को छोड़कर चली गई थी और विरहोन्मत्त पुरूरवा उसके सन्धान में थे। एक दिन उर्वशी जब उन्हें मिली, उसने यह तो बताया कि वह गर्भवती है, किन्तु, लौटकर फिर उनके साथ रहना उसने अस्वीकार कर दिया। पीछे चलकर, शतपथ ब्राह्मण में और, उसके आधार पर, पुराणों में इस कथा का जो पल्लवन हुआ, उसमें कहा गया है कि उर्वशी के गर्भ से पुरूरवा के छह पुत्र हुए थे, जिनमें सबसे बड़े का नाम आयु था।

कहते हैं, निरुक्त के अनुसार, आयु का अर्थ भी मनुष्य होता है (डॉ. फ़तह सिंह)। इस दृष्टि से, मनु और इडा तथा पुरूरवा और उर्वशी, ये दोनों ही कथाएँ एक ही विषय को व्यंजित करती हैं। सृष्टि-विकास की जिस प्रक्रिया के कर्तव्य-पक्ष का प्रतीक मनु और इडा का आख्यान है, उसी प्रक्रिया का भावना-पक्ष पुरूरवा और उर्वशी की कथा में कहा गया है।

सर विलियम विलसन ने अनुमान लगाया था कि पुरूरवा-उर्वशी की कथा अन्योक्तिपरक है। इस कथा का वास्तविक नायक सूर्य और नायिका ऊषा है। इन दोनों का मिलन कुछ ही काल के लिए होता है; बाद में, वे प्रतिदिन बिछुड़ जाते हैं।

किन्तु, इस कथा को लेने में वैदिक आख्यान की पुनरावृत्ति अथवा

वैदिक प्रसंग का प्रत्यावर्तन मेरा ध्येय नहीं रहा। मेरी दृष्टि में पुरूरवा सनातन नर का प्रतीक है और उर्वशी सनातन नारी का।

'उर्वशी' शब्द का कोशगत अर्थ होगा उत्कट अभिलाषा, अपरिमित वासना, इच्छा अथवा कामना। और 'पुरूरवा' शब्द का अर्थ है : वह व्यक्ति, जो नाना प्रकार का रव करे, नाना ध्वनियों से आक्रान्त हो।

उर्वशी चक्षु, रसना, घ्राण, त्वक् तथा श्रोत्र की कामनाओं का प्रतीक है; पुरूरवा रूप, रस, गन्ध, स्पर्श और शब्द से मिलनेवाले सुखों से उद्वेलित मनुष्य।

पुरूरवा द्वन्द्व में है, क्योंकि द्वन्द्व में रहना मनुष्य का स्वभाव है। मनुष्य सुख की कामना भी करता है और उससे आगे निकलने का प्रयास भी।

नारी नर को छूकर तृप्त नहीं होती, न नर नारी के आलिंगन में सन्तोष मानता है। कोई शक्ति है जो नारी को नर तथा नर को नारी से अलग रहने नहीं देती, और जब वे मिल जाते हैं, तब भी, उनके भीतर किसी ऐसी तृषा का संचार करती है, जिसकी तृप्ति शरीर के धरातल पर अनुपलब्ध है।

नारी के भीतर एक और नारी है, जो अगोचर और इन्द्रियातीत है। इस नारी का सन्धान पुरुष तब पाता है, जब शरीर की धारा, उछालते-उछालते, उसे मन के समुद्र में फेंक देती है, जब दैहिक चेतना से परे, उसे वह प्रेम की दुर्गम समाधि में पहुँच कर निस्पन्द हो जाता है।

और पुरुष के भीतर भी एक और पुरुष है, जो शरीर के धरातल पर नहीं रहता, जिससे मिलने की आकुलता में नारी अंग-संज्ञा के पार पहुँचना चाहती है।

परिरम्भ-पाश में बँधे हुए प्रेमी, परस्पर एक-दूसरे का अतिक्रमण करके, एक ऐसे लोक में पहुँचना चाहते हैं, जो किरणोज्ज्वल और वायवीय है।

इन्द्रियों के मार्ग से अतीन्द्रिय धरातल का स्पर्श, यही प्रेम की आध्यात्मिक महिमा है।

देश और काल की सीमा से बाहर निकलने का एक मार्ग योग है, किन्तु, उसकी दूसरी राह नर-नारी-प्रेम के भीतर से भी निकलती है, मनुष्य का यह अनुमान अत्यन्त प्राचीन है। तन्त्र-साधना के मूल में ऐसा कोई-न-कोई विश्वास रहा होगा; सहजमार्गियों के मन में ऐसी कोई-न-कोई भावना काम करती होगी; अभिनव मनोविज्ञान के भीतर भी ऐसी कोई-न-कोई प्रेरणा क्रियाशील है।

काम-सुख की इन्हीं निराकार झंकृतियों का आख्यान मनोविज्ञान उदात्तीकरण की भाषा में करता है। प्रेम की एक उदात्तीकृत स्थिति वह भी है जो समाधि से मिलती-जुलती है। जिसके व्यक्तित्व का देवोपम विकास हुआ है, जिसके स्नायविक तार चेतन और सजीव हैं तथा जिसका मन, स्वभाव से ही, ऊर्ध्वगामी और उड्डयनशील है, उसे काम के स्पर्श मात्र से इस समाधि का बोध होता है।

तत्पाणिस्पर्शसौख्यं परमनुभवति सच्चिदानन्दरूपम्
तत्रासीत् वाणभिन्ना रमणारतिपतेः योगनिद्रां गतेव।

मनुष्य के इस द्वन्द्व का, साकार से ऊपर उठकर निराकार तक जाने की इस आकुलता अथवा ऐन्द्रियता से निकलकर अतीन्द्रिय जगत् में आँख खोलने की इस उमंग का प्रतीक पुरूरवा है।

किन्तु, उर्वशी द्वन्द्वों से सर्वथा मुक्त है। देवियों में द्वन्द्व नहीं होता, वे त्रिकाल अनुद्विग्न, निर्मल और निष्पाप होती हैं। द्वन्द्वों की कुछ थोड़ी अनुभूति उसे तब होती है, जब वह माता अथवा पूर्ण मानवी बन जाती है, जब मिट्टी का रस उसे पूर्ण रूप से अभिसिक्त कर देता है।

भावना और तर्क, हृदय और मस्तिष्क, कला और विज्ञान अथवा निरुद्देश्य आनन्द और सोद्देश्य साधना, मानवीय गुणों के ये जोड़े नवीन मनुष्य को भी दिखाई देते हैं और वे प्राचीन मानव को भी दिखाई पड़े

थे। मनु और इडा का आख्यान तर्क, मस्तिष्क, विज्ञान और जीवन की सोद्देश्य साधना का आख्यान है; वह पुरुषार्थ के अर्थ-पक्ष को महत्त्व देता है। किन्तु, पुरूरवा-उर्वशी का आख्यान भावना, हृदय, कला और निरुद्देश्य आनन्द की महिमा का आख्यान है; वह पुरुषार्थ के काम-पक्ष का माहात्म्य बताता है।

जैसे पुरुषार्थ के तीन अंग कहे गए हैं, वैसे ही, मनुष्य के आन्तरिक व्यक्तित्व के धरातल भी तीन हैं। मनुष्य के सारे व्यक्तित्व, समग्र जीवन का आधार उसकी जैव भावनाओं का धरातल है। यह वह धरातल है जिस पर मनुष्य और पशुओं में भेद नहीं है और यही धरातल सबसे प्रबल और सबसे प्राचीन भी है। मनुष्य को पशुओं से भिन्न करनेवाले, बुद्धि और आत्मा के दो धरातल, बाद को, उत्पन्न हुए। वैसे आत्मा तो पशुओं में भी है, किन्तु, सदसद् विवेक की शक्ति, जो मानवता का प्रधान गुण है, पशुओं में नहीं होती।

किन्तु मनुष्य ने जिस परिमाण में बुद्धि अर्जित की, उसी परिमाण में उसने सहज प्रवृत्ति (इंस्टिक्ट) की शक्ति को खो दिया। तब भी, बुद्धि थोड़ी पशुओं में भी है और सहज प्रवृत्ति, कभी-कभी, मनुष्य में भी झलक मारती है। भेद यह है कि पशु का सारा जीवन सहज प्रवृत्ति से चलता है, केवल उसके किनारे-किनारे बुद्धि की हलकी झालर विद्यमान है। और मनुष्य के सारे जीवन का आधार बुद्धि है, सहज प्रवृत्ति, कभी-कभी ही, बिजली की तरह उसमें कौंध जाती है।

तब भी, मनुष्य का सर्वोत्तम काव्य सर्वोच्च दर्शन और विज्ञान के आशातीत आविष्कार, ये सब-के-सब, सम्बुद्धि (इनटुइशन) से संकेतित होते हैं, जो बहुत कुछ सहज प्रवृत्ति के ही समान हैं।

अर्थ और काम, ये जैव धरातल के पुरुषार्थ हैं, किन्तु, धर्म का जन्म आत्मा के धरातल पर होता है। बुद्धि इन दोनों धरातलों की सेविका और सहायक है। किन्तु, अर्थ की सेवा वह जिस सहजता से करती है, उसी

सहजता से वह धर्म और काम की सेवा नहीं कर सकती।

अर्थ के उपकरण भोजन, छाजन, मोटर, महल, सेना, समाज और मनुष्य के सारे भौतिक अभियान हैं, जो बुद्धि के वृत्त में पड़ते हैं। किन्तु, काम के अंग कला, सुरुचि, सौन्दर्यबोध और प्रेम हैं, जो मुख्यतः, सम्बुद्धि के संकेतित होते हैं। इसी प्रकार, बुद्धि धर्म को भी सिद्ध नहीं करती। धर्म बराबर सम्बुद्धि से प्रेरणा पाता है।

धर्म का जन्म आत्मा के धरातल पर होता है, किन्तु, सार्थकता उसकी तब है, जब वह जैव धरातल पर आकर हमारे आचरणों को प्रभावित करे।

कला, सुरुचि, सौन्दर्यबोध और प्रेम, इनका जन्म जैव धरातल पर होता है, किन्तु, सार्थकता उनकी तब सिद्ध होती है, जब वे ऊपर उठकर आत्मा के धरातल को स्पर्श करते हैं।

साहित्य के नौ मूल भावों में से रति, क्रोध, भय और घृणा–ये मूल भाव भैंस में भी होते हैं, किन्तु, पशुओं में जो भाव अनगढ़ और कुरूप हैं, मनुष्य में आकर वे अनेक रंग-रूपों में बदलकर निस्सीम हो गए हैं, क्योंकि मनुष्य में बुद्धि और कल्पना की शक्ति है, जो पशुओं में नहीं है।

पशुओं में जो प्रेरणा ऋतु-धर्म से एकाकार है, मनुष्यों में वह ऋतु-धर्म का बन्धन नहीं मानती, न वह प्रजासृष्टि की सीमा पर समाप्त होती है। काम-शक्ति पशु-जगत् में आवश्यकता और उपयोग की सीमा में है। मनुष्य में आकर वह ऐसे आनन्द का कारण बन गई है जो निष्प्रयोजन, निस्सीम और निरुद्देश्य है। वह नित्य नये-नये पुलकों की रचना करती है, नई-नई कल्पनाओं को जन्म देती है और मनुष्य को नित्य नवीन स्फुरणों से अनुप्राणित रखती है। यह सच है कि काम के क्षेत्र में पशुओं को जो स्वाधीनता प्राप्त है, वह मनुष्यों को नहीं है। किन्तु, कामजन्य स्फुरणों, प्रेरणाओं और सुखों का जो अनन्तव्यापी प्रसार मनुष्य में है, वह कल्पनाहीन जन्तुओं में नहीं हो सकता। और मनुष्यों में भी जो लोग

पशुता से जितनी दूर हैं, वे काम के सूक्ष्म सुखों का स्वाद उतना ही अधिक जानते हैं।

कामजन्य प्रेरणाओं की व्याप्तियाँ सभ्यता और संस्कृति के भीतर बहुत दूर तक पहुँची हैं। यदि कोई युवक किसी युवती को प्रशंसा की आँखों से देख ले, तो दूसरे ही दिन से उस युवती के हाव-भाव बदलने लगते हैं। उसे पोशाक और प्रसाधन में नवीनता की आवश्यकता अनुभूत होने लगती है। उसके बोलने, चलने और देखने में एक नई भंगिमा उत्पन्न हो जाती है।

और, इसी प्रकार, जब कोई नारी प्रशंसा-भरी दृष्टि से किसी पुरुष को देख लेती है, तब अनगढ़-से-अनगढ़ पुरुष के भीतर भी कोई कल्पक जाग उठता है। कोई कविता सुगबुगाने लगती है। सौन्दर्य की कोई तृषा जगकर उसे आइने के पास ले जाती है।

काम की ये जो निराकार झंकृतियाँ हैं, वे ही उदात्तीकरण के सूक्ष्म सोपान हैं। त्वचाएँ, स्पर्श के द्वारा, सुन्दरता का जो परिचय प्राप्त करती हैं, वह अधूरा और अपूर्ण होता है। पूर्णता पर वह तब पहुँचता है, जब हम सौन्दर्य के निदिध्यासन अथवा समाधि में होते हैं।

कला, साहित्य और विशेषतः, काव्य के भौतिक सौन्दर्य की महिमा अखंड है। फिर भी, श्रेष्ठ कविता, बराबर भौतिक से परे भौतिकोत्तर सौन्दर्य का संकेत देती है, फिज़िकल को लाँघकर 'मेटा-फिज़िश्कल' हो जाती है।

प्रेम में भी भूत से ऊपर उठकर भूतरोत्तर होने की शक्ति होती है, रूप के भीतर डूबकर अरूप का सन्धान करने की प्रेरणा होती है।

अपने स्थूल-से-स्थूल रूप में भी, प्रेम एक मानव का दूसरे मानव के साथ एकाकार होने का सबसे सहज, सबसे स्वाभाविक मार्ग है; किन्तु, विकसित और उदात्त हो जाने पर तो वह मनुष्य को बहुत कुछ वही शीतलता प्रदान करता है, जो धर्म का अवदान है।

धर्मादर्थो अर्थतः कामः कामाद्धर्म-फलोदयः।

[पद्मपुराण]

धर्म से अर्थ और अर्थ से काम की प्राप्ति होती है, किन्तु, काम से फिर हमें धर्म के ही फल प्राप्त होते हैं।

जीवन में सूक्ष्म आनन्द और निरुद्देश्य सुख के जितने भी सोते हैं, वे, कहीं-न-कहीं, काम के पर्वत से फूटते हैं। जिसका काम कुंठित, उपेक्षित अथवा अवरुद्ध है, वह आनन्द के अनेक सूक्ष्म रूपों से वंचित रह जाता है। हीन केवल वही नहीं है, जिसने धर्म और काम को छोड़कर केवल अर्थ को पकड़ा है; न्यायतः, उकठा काठ तो उस साधक को भी कहना चाहिए, जो धर्म-सिद्धि के प्रयास में अर्थ और काम, दोनों से युद्ध कर रहा है।

धर्मार्थकामं सममेव सेव्यं,
यः एकसेवी स नरो जघन्यः।

पुरूरवा और उर्वशी का प्रेम मात्र शरीर के धरातल पर नहीं रुकता, वह शरीर से जन्म लेकर मन और प्राण के गहन, गुह्य लोकों में प्रवेश करता है, रस के भौतिक आधार से उठकर रहस्य और आत्मा के अन्तरिक्ष में विचरण करता है।

पुरूरवा के भीतर देवत्व की तृषा है। इसलिए, मर्त्य लोक के नाना सुखों में वह व्याकुल और विषण्ण है।

उर्वशी देवलोक से उतरी हुई नारी है। वह सहज, निश्चिन्त भाव से पृथ्वी का सुख भोगना चाहती है।

पुरूरवा की वेदना समग्र मानव-जाति की चिरन्तन वेदना से ध्वनित है।

किन्तु, मानवता की यह वेदना उत्पन्न कहाँ से होती है? मानव-मन का यह दुःसाध्य संघर्ष आता है कहाँ से?

आत्मा का धरातल मनुष्य को ऊपर खींचता है और जैव धरातल

का आकर्षण नीचे की ओर है। मनुष्य जब पशुओं से अलग होने लगा, यह वेदना तभी से उसके साथ हो गई। मानवता ही मनुष्य की वेदना का उत्तम नाम है।

मनुष्य ने देवताओं की जो कल्पना कर रखी है, उसके गज से अपने-आपको नापने में वह असमर्थ है।

यदि मनुष्य अपनी गरदन तानकर मस्तक से नक्षत्रों को छूने का प्रयास करे, तो उसके पाँव ज़मीन से उखड़ जाते हैं, वह वायु में निस्सहाय उड़नेवाला पत्ता बन जाता है।

और यदि वह पाँव जमा कर धरती पर खड़ा रहे, तो अपने मस्तक से वह नक्षत्र तो क्या, सामान्य वृक्षों के मौलि को भी नहीं छू सकता।

मनुष्य की कल्पना का देवता वह है, जो जल में उतरने पर भी जल से नहीं भींगता, जिसकी गरदन समुद्र की ऊँची-से-ऊँची लहरों से भी हाथ भर ऊँची दिखाई देती है।

किन्तु, मनुष्य का भाग्य ऐसा नहीं है। वह तरंगों से लड़ते-लड़ते भी उनसे भींग जाता है और बहुधा लहरें उसे बहाकर औघट घाट में फेंक देती हैं, भँवर का जाल बनकर उसे नीचे पाताल में गाड़ देती हैं।

तब भी, संघर्ष करना मनुष्य का स्वभाव है।

वह जल के समान सूर्य की किरणों पर चढ़कर आकाश पहुँचता है और बादलों के साथ पृथ्वी पर लौट आता है। और सूर्य की किरणें, एक बार फिर, उसे आकाश पर ले जाती हैं।

स्वर्ग और पृथ्वी के बीच घटित इस निरन्तर आवागमन से मनुष्य का निस्तार कभी होगा या नहीं, इसका विश्वसनीय ज्ञान नये मनुष्य को छोड़कर चला गया है। इसलिए मैं इस विषय में मौन हूँ कि पुरूरवा जब संन्यास लेकर चले गए, तब उनका क्या हुआ।

एक ओर देवत्व की ऊँची-ऊँची कल्पनाएँ; दूसरी ओर उफनाते हुए रक्त की अप्रतिहत पुकार और पग-पग पर घेरनेवाली ठोस वास्तविकता

की अभेद्य चट्टानें, जो हुक्म नहीं मानतीं, जो पिघलना नहीं जानतीं।

आदमी हवा और पत्थर के दो छोरों के बीच झटके खाता है, और झटका खाकर, कभी इस ओर, और कभी उस ओर से मुड़ जाता है।

कभी प्रेम! कभी संन्यास!

और संन्यास प्रेम को बर्दाश्त नहीं कर सकता, न प्रेम संन्यास को क्योंकि प्रेम प्रकृति और परमेश्वर संन्यास है और मनुष्य को सिखलाया गया है कि एक ही व्यक्ति परमेश्वर और प्रकृति, दोनों को प्राप्त नहीं कर सकता।

उर्वशी पूछती है :

क्या ईश्वर और प्रकृति दो हैं?

क्या ईश्वर प्रकृति का प्रतिबल है? उसका प्रतियोगी है?

क्या दोनों एक साथ नहीं चल सकते?

क्या प्रकृति ईश्वर का शत्रु बनकर उत्पन्न हुई है?

अथवा क्या ईश्वर ही प्रकृति से रुष्ट है?

प्रकृति और परमेश्वर की एकता की एक अनुभूति, संन्यास और प्रेम के बीच सन्तुलन की एक झाँकी महर्षि च्यवन के चरित्र में झलक मारती है। जो नदी पुरूरवा के भीतर बेचैन होकर गरज रही है, वही च्यवन में आकर स्वच्छ, सुस्थिर, शीतल और मौन है।

संन्यास में समाकर प्रेम से और प्रेम में समाकर संन्यास से बचना जितना कठिन है, संन्यास और प्रेम के बीच सन्तुलन बिठाना, कदाचित, उससे भी कठिन कार्य है।

मनोविज्ञान जिस साधना का संकेत देने लगा है, वह वैराग्य नहीं, रागों से मैत्री का संकेत है; वह निषेध नहीं, स्वीकृति और समन्वय का संकेत है; वह संघर्ष नहीं, सहज, स्वच्छ, प्राकृतिक जीवन की साधना है।

देवता वह नहीं, जो सब कुछ को पीठ देकर, सबसे भाग रहा है।

देवता वह है, जो सारी आसक्तियों के बीच अनासक्त है, सारी स्पृहाओं को भोगते हुए भी निस्पृह और निर्लिप्त है।

फिर वही बात! पानी पर चलो, किन्तु, पानी का दाग़ नहीं लगे।

किन्तु, पानी पर चलकर भी पानी के दाग़ से बचता कौन है?

क्या वह, जो औशीनरी और सुकन्या के साथ है? अथवा वह भी, जो उर्वशी के प्रेम में है?

क्या वह, जो च्यवन की पत्नी है? अथवा वह भी, जो पुरूरवा की गोद में है?

प्रश्नों के उत्तर, रोगों के समाधान मनुष्यों के नेता दिया करते हैं।

कविता की भूमि केवल दर्द को जानती है, केवल बेचैनी को जानती है, केवल वासना की लहर और रुधिर के उत्ताप को पहचानती है।

और वेदना की भूमि चूँकि पुरूरवा के संन्यास पर समाप्त नहीं हुई, इसलिए, औशीनरी की व्यथा ने कविता को वहाँ समाप्त होने नहीं दिया।

किन्तु, नेता की-सी एक बात एक जगह मैं भी कह गया हूँ।

जब देवी सुकन्या यह सोचती हैं कि नर-नारी के बीच सन्तुलन कैसे लाया जाए, तब उनके मुँह से यह बात निकल पड़ती है कि यह सृष्टि, वास्तव में, पुरुष की रचना है। इसीलिए, रचयिता ने पुरुषों के साथ पक्षपात किया, उन्हें स्वत्व-हरण की प्रवृत्तियों से पूर्ण कर दिया। किन्तु, पुरुषों की रचना यदि नारियाँ करने लगें, तो पुरुष की कठोरता जाती रहेगी और वह अधिक भावप्रवण एवं मृदुलता से युक्त हो जाएगा।

इस पर आयु यह दावा करता है कि मैं ही तो वह पुरुष हूँ, जिसका निर्माण नारियों ने किया है।

आयु का कहना ठीक था। और वह प्रसिद्ध राजा भी हुआ, जिसका उल्लेख ऋग्वेद में आया है। किन्तु, उल्लेख इस बात का भी है कि युवक राजा सुश्रवा ने आयु को जीतकर उसे अपने अधीन कर लिया था।

फिर वही बात!

पुरुष की रचना पुरुष करे तो वह त्रासक होता है; और पुरुष की रचना नारी करे तो लड़ाई में वह हार जाता है।

समस्या युद्ध की हो अथवा प्रेम की, कठिनाइयाँ सर्वत्र समान हैं।

एकान्त में कोई नहीं मानता कि बघनखा पहनना अच्छा काम है। किन्तु, बाहर आते ही हर कोई उसे पहनना चाहता है, क्योंकि और लोग बघनखे पहने हुए हैं।

युक्ति तो यही कहती है कि नक़ाब पहनकर असली चेहरे को छिपा लेने से पुण्य नहीं बढ़ता होगा। फिर भी, हर आदमी नक़ाब लगाता है, क्योंकि नक़ाब पहने बिना घर से निकलने की, समाज की ओर से; मनाही है।

किन्तु, उस प्रेरणा पर तो मैंने कुछ कहा ही नहीं, जिसने आठ वर्ष तक ग्रसित रखकर यह काव्य मुझसे लिखवा लिया।

अकथनीय विषय!

शायद अपने से अलग करके मैं उसे देख नहीं सकता; शायद, वह अलिखित रह गई; शायद, वह इस पुस्तक में व्याप्त है।

पटना **—दिनकर**

23 जून, 1961 ई.

अंकानुक्रम

पात्र-परिचय

पुरुष

पुरूरवा : वेदकालीन, प्रतिष्ठानपुर के विक्रमी ऐल राजा, नायक।

महर्षि च्यवन : प्रसिद्ध; भृगुवंशी, वेदकालीन महर्षि।

आयु : पुरूरवा-उर्वशी का पुत्र।

महामात्य : पुरूरवा के मुख्य-सचिव।

विश्वमना : राज-ज्योतिषी।

सूत्रधार : नाटक का शास्त्रीय आयोजक। अनिवार्य- पात्र।

कंचुकी :

सभासद :

प्रतिहारी :

प्रारब्ध आदि :

नारी

नटी : शास्त्रीय पात्री; सूत्रधार की पत्नी।

सहजन्या, रम्भा, मेनका, चित्रलेखा : अप्सराएँ।

औशीनरी : पुरूरवा-पत्नी, प्रतिष्ठानपुर की महारानी।

निपुणिका, मदनिका : औशीनरी की सखियाँ।

उर्वशी : अप्सरा, नायिका।

सुकन्या : च्यवन ऋषि की सहधर्मिणी।

अपाला : उर्वशी की सेविका।

और वक्ष के कुसुम-कुंज, सुरभित विश्राम-भवन ये
जहाँ मृत्यु के पथिक ठहर कर श्रान्ति दूर करते हैं।

[पृष्ठ-संख्या 107 पर]

प्रथम अंक

साधारणोऽयमुभयोः प्रणयः स्मरस्य,
तप्तेन तप्तमयसा घटनाय योग्यम्।

—विक्रमोर्वशीयम्

[राजा पुरूरवा की राजधानी; प्रतिष्ठानपुर के समीप एकान्त पुष्प-कानन; शुक्ल पक्ष की रात; नटी और सूत्रधार चाँदनी में प्रकृति की शोभा का पान कर रहे हैं।]

सूत्रधार

नीचे पृथ्वी पर वसन्त की कुसुम-विभा छाई है,
ऊपर है चन्द्रमा द्वादशी का निर्मेघ गगन में।
खुली नीलिमा पर विकीर्ण तारे यों दीप रहे हैं,
चमक रहे हों नील चीर पर बूटे ज्यों चाँदी के;
या प्रशान्त, निस्सीम जलधि में जैसे चरण-चरण पर
नील वारि को फोड़ ज्योति के द्वीप निकल आये हों।

नटी

इन द्वीपों के बीच चन्द्रमा मन्द-मन्द चलता है,
मन्द-मन्द चलती है नीचे वायु श्रान्त मधुवन की;

मद-विह्वल कामना प्रेम की, मानो, अलसाई-सी
कुसुम-कुसुम पर विरम मन्द मधु-गति में घूम रही हो।

सूत्रधार

सारी देह समेट निबिड़ आलिंगन में भरने को
गगन खोल कर बाँह विसुध वसुधा पर झुका हुआ है।

नटी

सुख की सुगम्भीर वेला, मादकता की धारा में
समाधिस्थ संसार अचेतन बहता-सा लगता है।

सूत्रधार

स्वच्छ कौमुदी में प्रशान्त जगती यों दमक रही है,
सत्य रूप तज कर जैसे हो समा गई दर्पण में।
शान्ति, शान्ति सब ओर, मंजु, मानो, चन्द्रिका-मुकुर में
प्रकृति देख अपनी शोभा अपने को भूल गई हो।

[ऊपर आकाश में रशनाओं और नूपुरों की ध्वनि सुनाई देती है। बहुत-सी अप्सराएँ एक साथ नीचे उतर रही हैं।]

नटी

शान्ति, शान्ति सब ओर, किन्तु यह कणन-कणन-स्वन कैसा?
अतल व्योम-उर में ये कैसे नूपुर झनक रहे हैं?
उगी कौन-सी विभा? इन्दु की किरणें लगीं लजाने;
ज्योत्स्ना पर यह कौन अपर ज्योत्स्ना छाई जाती है?
कलकल करती हुई सलिल-सी गाती, धूम मचाती
अम्बर से ये कौन कनक-प्रतिमाएँ उतर रही हैं?

उड़ी आ रहीं छूट कुसुम-वल्लियाँ कल्प-कानन से?
या देवों की वीणा की रागिनियाँ भटक गई हैं?
उतर रही हैं ये नूतन पंक्तियाँ किसी कविता की
नई अर्चियों-सी समाधि के झिलमिल अँधियाले में?
या वसन्त के सपनों की तसवीरें घूम रही हैं
तारों-भरे गगन में फूलों-भरी धरा के भ्रम से?

सूत्रधार

लो, पृथ्वी पर आ पहुँचीं ये सुषमाएँ अम्बर की,
उतरे हों ज्यों गुच्छ गीत गानेवाले फूलों के।
पद-निक्षेपों में बल खाती हैं भंगिमा लहर की,
सजल कंठ से गीत, हँसी से फूल झरे जाते हैं।
तन पर भींगे हुए वसन हैं किरणों की जाली के,
पुष्परेणु-भूषित सब के आनन यों दमक रहे हैं,
कुसुम बन गई हों जैसे चाँदनियाँ सिमट-सिमट कर।

नटी

फूलों की सखियाँ हैं ये या विधु की प्रेयसियाँ हैं?

सूत्रधार

नहीं, चन्द्रिका नहीं, न तो कुसुमों की सहचरियाँ हैं,
ये जो शशधर के प्रकाश में फूलों पर उतरी हैं,
मनमोहिनी, अभुक्त प्रेम की जीवित प्रतिमाएँ हैं,
देवों की रण-क्लान्ति मदिर नयनों से हरनेवाली,
स्वर्ग-लोक की अप्सरियाँ, कामना काम के मन की।

नटी

पर, सुरपुर को छोड़ आज ये भू पर क्यों आई हैं?

सूत्रधार

यों ही, किरणों के तारों पर चढ़ी हुई, क्रीडा में,
इधर-उधर घूमते कभी भू पर भी आ जाती हैं।
या, सम्भव है, कुछ कारण भी हो इनके आने का
क्योंकि मर्त्य तो अमर-लोक को पूर्ण मान बैठा है,
पर, कहते हैं, स्वर्ग-लोक भी सम्यक् पूर्ण नहीं है।
पृथ्वी पर है चाह प्रेम को स्पर्श-मुक्त करने की,
गगन रूप को बाँहों में भरने को अकुलाता है।
गगन, भूमि, दोनों अभाव से पूरित हैं, दोनों के
अलग-अलग हैं प्रश्न और हैं अलग-अलग पीड़ाएँ।
हम चाहते तोड़कर बन्धन उड़ना मुक्त पवन में,
कभी-कभी देवता देह धरने को अकुलाते हैं।

एक स्वाद है त्रिदिव-लोक में, एक स्वाद वसुधा पर,
कौन श्रेष्ठ है, कौन हीन, यह कहना बड़ा कठिन है,
जो कामना खींचकर नर को सुरपुर ले जाती है,
वही खींच लाती है मिट्टी पर अम्बरवालों को।

किन्तु, सुनें भी तो, ये परियाँ बातें क्या करती हैं।

[नटी और सूत्रधार वृक्ष की छाया में जाकर अदृश्य हो जाते हैं। अप्सराएँ पृथ्वी पर उतरती हैं तथा फूल, हरियाली और झरनों के पास घूमकर गाती और आनन्द मनाती हैं।]

[परियों का समवेत गान]

फूलों की नाव बहाओ री, यह रात रुपहली आई।

फूटी सुधा-सलिल की धारा,
डूबा नभ का कूल-किनारा,
सजल चाँदनी की सुमन्द लहरों में तैर नहाओ री!
यह रात रुपहली आई।

मही सुप्त, निश्चेत गगन है,
आलिंगन में मौन, मगन है।
ऐसे में नभ से अशंक अवनी पर आओ-जाओ री!
यह रात रुपहली आई।

मुदित चाँद की अलकें चूमो,
तारों की गलियों में घूमो,
झूलो गगन-हिंडोरे पर, किरणों के तार बढ़ाओ री!
यह रात रुपहली आई।

सहजन्या

धुली चाँदनी में शोभा मिट्टी की भी जगती है,
कभी-कभी यह धरती भी कितनी सुन्दर लगती है!
जी करता है यहीं रहें, हम फूलों में बस जाएँ।

रम्भा

दूर-दूर तक फैल रही दूबों की हरियाली है,
बिछी हुई इस हरियाली पर शबनम की जाली है।
जी करता है, इन शीतल बूँदों में खूब नहाएँ।

मेनका

आज शाम से ही हम तो भीतर से हरी-हरी हैं,
लगता है, आकंठ गीत के जल से भरी-भरी हैं।
जी करता है, फूलों को प्राणों का गीत सुनाएँ।

[समवेत गान]

हम गीतों के प्राण सघन,
छूम छनन छन्, छूम छनन।

बजा व्योम-वीणा के तार,
भरतीं हम नीली झंकार,
सिहर-सिहर उठता त्रिभुवन।
छूम छनन छन्, छूम छनन।

सपनों की सुषमा रंगीन,
कलित कल्पना पर उड्डीन,
हम फिरती हैं भवन-भवन।
छूम छनन छन्, छूम छनन।

हम अभुक्त आनन्द-हिलोर,
भिंगो भूमि-अम्बर के छोर,
बरसाती फिरतीं रस-कन।
छूम छनन छन्, छूम छनन।

रम्भा

बिछा हुआ है जाल रश्मि का, मही मग्न सोती है,
अभी मृत्ति को देख स्वर्ग को भी ईर्ष्या होती है।

मेनका

कौन भेद है, क्या अन्तर है धरती और गगन में,
उठता है यह प्रश्न कभी रम्भे! तेरे भी मन में?

रम्भा

प्रश्न उठे या नहीं, किन्तु, प्रत्यक्ष एक अन्तर है,
मर्त्यलोक मरनेवाला है, पर, सुरलोक अमर है।
अमिट, स्निग्ध, निर्धूम शिखा-सी देवों की काया है,
मर्त्यलोक की सुन्दरता तो क्षण भर की माया है।

मेनका

पर, तुम भूल रही हो रम्भे! नश्वरता के वर को;
भू को जो आनन्द सुलभ है, नहीं प्राप्त अम्बर को।
हम भी कितने विवश! गन्ध पीकर ही रह जाते हैं,
स्वाद व्यंजनों का न कभी रसना से ले पाते हैं।
हो जाते हैं तृप्त पान कर स्वर-माधुरी श्रवण से,
रूप भोगते हैं मन से या तृष्णा-भरे नयन से।
पर, जब कोई ज्वार रूप को देख उमड़ आता है,
किसी अनिर्वचनीय क्षुधा में जीवन पड़ जाता है,

उस पीड़ा से बचने की तब राह नहीं मिलती है,
उठती जो वेदना यहाँ, खुल कर न कभी खिलती है।
किन्तु, मर्त्य जीवन पर ऐसा कोई बन्ध नहीं है,
रुके गन्ध तक, वहाँ प्रेम पर यह प्रतिबन्ध नहीं है।

नर के वश की बात, देवता बने कि नर रह जाए,
रुके गन्ध पर या बढ़कर फूलों को गले लगाए।

पर, सुर बनें मनुज भी, वे यह स्वत्व न पा सकते हैं,
गन्धों की सीमा से आगे देव न जा सकते हैं।

क्या है यह अमरत्व? समीरों-सा सौरभ पीना है,
मन में धूम समेट शान्ति से युग-युग तक जीना है।
पर, सोचो तो, मर्त्य मनुज कितना मधु-रस पीता है!
दो दिन ही हो, पर, कैसे वह धधक-धधक जीता है!
इन ज्वलन्त वेगों के आगे मलिन शान्ति सारी है,
क्षण भर की उन्मद तरंग पर चिरता बलिहारी है।

सहजन्या

साधु! साधु! मेनके! तुम्हारा भी मन कहीं फँसा है?
मिट्टी का मोहन कोई अन्तर में आन बसा है?
तुम भी हो बन गई महीतल पर रूपसी किसी की?
किन्हीं मर्त्य नयनों की रस-प्रतिमा, उर्वशी किसी की?
सखी उर्वशी-सी तुम भी लगती कुछ मदमाती हो,
मर्त्यों की महिमा तुम भी तो उसी तरह गाती हो।

रम्भा

अरी, ठीक, तूने सहजन्ये! अच्छी याद दिलाई,
आज हमारे साथ यहाँ उर्वशी नहीं क्यों आई?

सहजन्या

वाह! तुम्हें ही ज्ञात नहीं है कथा प्राणप्यारी की?
तुम्हीं नहीं जानतीं प्रेम की व्यथा दिव्य नारी की?
नहीं जानती हो कि एक दिन हम कुबेर के घर से
लौट रही थीं जब इतने में एक दैत्य ऊपर से

टूटा लुब्ध श्येन-सा हमको त्रास अपरिमित देकर
और तुरत उड़ गया उर्वशी को बाँहों में लेकर।

रम्भा

बाँहों में ले उड़ा? अरी, आगे की कथा सुनाओ!

सहजन्या

यही कि हम रो उठीं : "दौड़कर कोई हमें बचाओ!"

रम्भा

तब क्या हुआ?

सहजन्या

पुकार हमारी सुनी एक राजा ने,
दौड़ पड़े वे सदय उर्वशी को अविलम्ब बचाने।
और उन्हीं नरवीर नृपति के पौरुष से, भुजबल से
मुक्त हुई उर्वशी हमारी उस दिन काल-कवल से।

रम्भा

ये राजा तो बड़े वीर हैं।

सहजन्या

और परम सुन्दर भी।
ऐसा मनोमुग्धकारी तो होता नहीं अमर भी।
इसीलिए तो सखी उर्वशी, ऊषा नन्दनवन की,
सुरपुर की कौमुदी, कलित कामना इन्द्र के मन की,
सिद्ध विरागी की समाधि में राग जगानेवाली,

देवों के शोणित में मधुमय आग लगानेवाली,
रति की मूर्ति, रमा की प्रतिमा, तृषा विश्वमय नर की,
विधु की प्राणेश्वरी, आरती-शिखा काम के कर की,
जिसके चरणों पर चढ़ने को विकल-व्यग्र जन-जन है,
जिस सुषमा के मदिर ध्यान में मगन-मुग्ध त्रिभुवन है,
पुरुषरत्न को देख न वह रह सकी आप अपने में,
डूब गई सुरपुर की शोभा मिट्टी के सपने में।
प्रस्तुत हैं देवता जिसे सब कुछ देकर पाने को,
स्वर्ग-कुसुम वह स्वयं विकल है वसुधा पर जाने को।

रम्भा

सो क्या, अब उर्वशी उतर कर भू पर सदा रहेगी?
निरी मानवी बनकर मिट्टी की सब व्यथा सहेगी?

सहजन्या

सो जो हो, पर, प्राणों में उसके जो प्रीति जगी है,
अन्तर की प्रत्येक शिरा में ज्वाला जो सुलगी है,
छोड़ेगी वह नहीं उर्वशी को अब देव-निलय में,
ले जाएगी खींच उसे उस नृप के बाहु-वलय में।

रम्भा

ऐसा कठिन प्रेम होता है?

सहजन्या

इसमें क्या विस्मय है?
कहते हैं, धरती पर सब रोगों से कठिन प्रणय है।
लगता है यह जिसे, उसे फिर नींद नहीं आती है,

दिवस रुदन में, रात आह भरने में कट जाती है।
मन खोया-खोया, आँखें कुछ भरी-भरी रहती हैं;
भींगी पुतली में कोई तसवीर खड़ी रहती है।
सखी उर्वशी भी कुछ दिन से है खोई-खोई-सी,
तन से जगी, स्वप्न के कुंजों में मन से सोई-सी।
खड़ी-खड़ी अनमनी तोड़ती हुई कुसुम-पंखड़ियाँ
किसी ध्यान में पड़ी गँवा देती घड़ियों पर घड़ियाँ।
दृग से झरते हुए अश्रु का ज्ञान नहीं होता है,
आया-गया कौन, इसका कुछ ध्यान नहीं होता है।
मुख-सरोज मुसकान बिना आभाविहीन लगता है,
भुवन-मोहिनी श्री का चन्द्रानन मलीन लगता है।
सुनकर जिनकी झमक स्वर्ग की तन्द्रा फट जाती थी,
योगी की साधना, सिद्ध की नींद उचट जाती थी।
वे नूपुर भी मौन पड़े हैं, निरानन्द सुरपुर है,
देवसभा में लहर लास्य की अब वह नहीं मधुर है।

क्या होगा उर्वशी छोड़ जब हमें चली जाएगी?

रम्भा

स्वर्ग बनेगा मही, मही तब सुरपुर हो जाएगी।

सहजन्ये! पर, हम परियों का इतना भी रोना क्या?
किसी एक नर के निमित्त इतना धीरज खोना क्या?

हम भी हैं मानवी कि ज्यों ही प्रेम उगे, रुक जाएँ,
मिले जहाँ भी दान हृदय का, वहीं मग्न झुक जाएँ?
प्रेम मानवी की निधि है, अपनी तो वह क्रीड़ा है;

प्रेम हमारा स्वाद, मानवी की आकुल पीड़ा है।
जनमीं हम किस लिए? मोद सब के मन में भरने को।
किसी एक को नहीं मुग्ध जीवन अर्पित करने को।
सृष्टि हमारी नहीं संकुचित किसी एक आनन में,
किसी एक के लिए सुरभि हम नहीं सँजोतीं तन में।

खल-खल कर बह रहा मुक्त जो, कूलहीन वह जल हैं,
किसी गेह का नहीं दीप जो, हम वह द्युति कोमल हैं।
रचना की वेदना जगा जग में उमंग भरती हैं,
कभी देवता, कभी मनुज का आलिंगन करती हैं।
पर, यह परिरम्भण प्रकाश का, मन का रश्मि-रमण है,
गन्धों के जग में दो प्राणों का निर्मुक्त भ्रमण है।

सच है, कभी-कभी तन से भी मिलतीं रागमयी हम,
कनक-रंग में नर को रँग देतीं अनुरागमयी हम;
देतीं मुक्त उँड़ेल अधर-मधु ताप-तप्त अधरों में,
सुख से देतीं छोड़ कनक-कलशों की उष्ण करों में;
पर, यह तो रसमय विनोद है, भावों का खिलना है,
तन की उद्वेलित तरंग पर प्राणों का मिलना है।

रचना की वेदना जगातीं, पर, न स्वयं रचतीं हम,
बँध कर कहीं विविध पीड़ाओं में न कभी पचतीं हम।
हम सागर-आत्मजा सिन्धु-सी ही असीम उच्छल हैं,
इच्छाओं की अमित तरंगों से झंकृत, चंचल हैं।

हम तो हैं अप्सरा पवन में मुक्त विहरनेवाली,
गीत-नाद, सौरभ-सुवास से सब को भरनेवाली।

अपना है आवास, न जाने, कितनों की चाहों में,
कैसे हम बँध रहें किसी भी नर की दो बाँहों में?

और उर्वशी जहाँ वास करने पर आन तुली है,
उस धरती की व्यथा अभी तक उस पर नहीं खुली है।

सहजन्या

कौन व्यथा उर्वशी भला पाएगी भू पर जाकर?
सुख ही होगा उसे वहाँ प्रियतम को कंठ लगाकर।

रम्भा

सो सुख तो होगा, परन्तु, यह मही बड़ी कुत्सित है,
जहाँ प्रेम की मादकता में भी यातना निहित है।
नहीं पुष्प ही अलम्, वहाँ फल भी जनना होता है,
जो भी करती प्रेम, उसे माता बनना होता है।

और मातृ-पद को पवित्र धरती, यद्यपि, कहती है,
पर, माता बनकर नारी क्या क्लेश नहीं सहती है?
तन हो जाता शिथिल, दान में यौवन गल जाता है,
ममता के रस में प्राणों का वेग पिघल जाता है।
रुक जाती है राह स्वप्न-जग में आने-जाने की,
फूलों में उन्मुक्त घूमने की, सौरभ पाने की।
मेघों में कामना नहीं उन्मुक्त खेल करती है,
प्राणों में फिर नहीं इन्द्रधनुषी उमंग भरती है।

रोग, शोक, सन्ताप, जरा, सब आते ही रहते हैं,
पृथ्वी के प्राणी विषाद नित पाते ही रहते हैं।

अच्छी है यह भूमि जहाँ बूढ़ी होती है नारी,
कण भर मधु का लोभ और इतनी विपत्तियाँ सारी?

सहजन्या

उफ़! ऐसी है घृणित भूमि? तब तो उर्वशी हमारी,
सचमुच ही, कर रही नरक में जाने की तैयारी।
तू ने भी रम्भे! निर्घिन क्या बातें बतलाई हैं!
अब तो मुझे मही रौरव-सी पड़ती दिखलाई है।

गर्भ-भार उर्वशी मानवी के समान ढोएगी?
यह शोभा, यह गठन देह की, यह प्रकान्ति खोएगी?
जो अयोनिजा स्वयं, वही योनिज सन्तान जनेगी?
यह सुरम्य सौरभ की कोमल प्रतिमा जननि बनेगी?
किरणमयी यह परी करेगी यह विरूपता धारण?
वह भी और नहीं कुछ, केवल एक प्रेम के कारण?

रम्भा

हाँ, अब परियाँ भी पूजेंगी प्रेम-देवता जी को,
और स्वर्ग की विभा करेगी नमस्कार धरती को।
जहाँ प्रेम राक्षसी भूख से क्षण-क्षण अकुलाता है,
प्रथम ग्रास में ही यौवन की ज्योति निगल जाता है;
धर देता है भून रूप को दाहक आलिंगन से,
छवि को प्रभाहीन कर देता ताप-तप्त चुम्बन से,
पतझर का उपमान बना देता वाटिका हरी को,
और चूमता रहता फिर सुन्दरता की ठठरी को।
इसी देव की बाँहों में झुलसेंगी अब परियाँ भी,
यौवन को कर भस्म बनेंगी माता अप्सरियाँ भी।

पुत्रवती होंगी, शिशु को गोदी में हलराएँगी,
मदिर तान को छोड़ साँझ से ही लोरी गाएँगी।
पहनेंगी कंचुकी क्षीर से क्षण-क्षण गीली-गीली,
नेह लगाएँगी मनुष्य से, देह करेंगी ढीली।

मेनका

पर, रम्भे! क्या कभी बात यह मन में आती है,
माँ बनते ही त्रिया कहाँ-से-कहाँ पहुँच जाती है?
गलती है हिमशिला, सत्य है, गठन गेह की खोकर,
पर, हो जाती वह असीम कितनी पयस्विनी होकर?
युवा जननि को देख शान्ति कैसी मन में जगती है!
रूपमती भी सखी! मुझे तो वही त्रिया लगती है,
जो गोदी में लिये क्षीरमुख शिशु को सुला रही हो
अथवा खड़ी प्रसन्न पुत्र का पलना झुला रही हो।

[एक अप्सरा गुनगुनाती हुई उड़ती आ रही है।]

रम्भा

अरी, देख तो उधर, कौन यह गुन-गुन कर गाती है?
रँगी हुई बदली-सी उड़ती कौन चली आती है?
तुम्हें नहीं लगता क्या, जैसे इसे कहीं देखा है?

सहजन्या

दुत् पगली! यह तो अपनी ही सखी चित्रलेखा है।

सब

अरी चित्रलेखे! हम सब हैं यहाँ कुसुम के वन में;
जल्दी आ, सब लोग चलें उड़ होकर साथ गगन में।
भींग रही है वायु, रात अब बहुत अधिक गहराई।

चित्रलेखा

रुको, रुको क्षण भर सहचरियो! आई, मैं यह आई।
खेल रही हो यहीं अभी तक तारों की छाया में?
स्वर्ग भूल ही गया तुम्हें भी मिट्टी की माया में?

[चित्रलेखा आ पहुँचती है।]

सहजन्या

तेज़-तेज़ साँसें चलती हैं, धड़क रही छाती है,
चित्रो! तू इस तरह कहाँ से थकी-थकी आती है?

चित्रलेखा

आज साँझ से सखी उर्वशी को न रंच भी कल थी,
नृप पुरूरवा से मिलने को वह अत्यन्त विकल थी।
कहती थी : "यदि आज कान्त का अंक नहीं पाऊँगी,
तो शरीर को छोड़ पवन में निश्चय मिल जाऊँगी।''

"रोक चुकीं तुम बहुत, अधिक अब और न रोक सकोगी
दिव में रखकर मुझे नहीं जीवित अवलोक सकोगी।
भला चाहती हो मेरा तो वसुधा पर जाने दो
मेरे हित जो भी संचित हो भाग्य, मुझे पाने दो।

नहीं दीखती कहीं शान्ति मुझको अब देव-निलय में,
बुला रहा मेरा सुख मुझको प्रिय के बाहु-वलय में।

"स्वर्ग-स्वर्ग मत कहो, स्वर्ग में सब सौभाग्य भरा है,
पर, इस महास्वर्ग में मेरे हित क्या आज धरा है?
स्वर्ग स्वप्न का जाल, सत्य का स्पर्श खोजती हूँ मैं,
नहीं कल्पना का सुख, जीवित हर्ष खोजती हूँ मैं।
तृप्ति नहीं अब मुझे साँस भर-भर सौरभ पीने से,
ऊब गई हूँ दबा कंठ, नीरव रहकर जीने से।

"लगता है, कोई शोणित में स्वर्ण-तरी खेता है,
रह-रह मुझे उठा अपनी बाँहों में भर लेता है।
कौन देवता है, जो यों छिप-छिपकर खेल रहा है,
प्राणों में रस की अरूप माधुरी उँड़ेल रहा है?
जिसका ध्यान प्राण में मेरे यह प्रमोद भरता है,
उससे बहुत निकट होकर जीने को जी करता है।

"यही चाहती हूँ कि गन्ध को तन हो, उसे धरूँ मैं,
उड़ते हुए अदेह स्वप्न को बाँहों में जकड़ूँ मैं,
निराकार मन की उमंग को रूप कहीं दे पाऊँ,
फूटे तन की आग और मैं उसमें तैर नहाऊँ।
कहती हूँ, इसलिए चित्रलेखे! मत बेर लगाओ,
जैसे भी हो मुझे आज प्रिय के समीप पहुँचाओ।"

सहजन्या

तो तुमने क्या किया?

चित्रलेखा

अरी, क्या और भला करती मैं?
कैसे नहीं सखी के दु:संकल्पों से डरती मैं?
आज साँझ को ही उसको फूलों से खूब सजाकर,
सुरपुर से बाहर ले आई सब की आँख बचाकर।
उतर गई धीरे-धीरे चुपके, फिर मर्त्य भुवन में,
और छोड़ आई हूँ उसको राजा के उपवन में।

रम्भा

छोड़ दिया नि:संग उसे प्रियतम से बिना मिलाए?

चित्रलेखा

युक्ति ठीक है वही, समय जिसको उपयुक्त बताए।
अभी वहाँ आई थीं राजा से मिलने को रानी,
हमें देख लेतीं वे तो फिर बढ़ती वृथा कहानी।

नृप को पर है विदित, उर्वशी उपवन में आई है,
अत:, मिलन की उत्कंठा उनके मन में छाई है।
रानी ज्यों ही गईं, प्रकट उर्वशी कुंज से होगी,
फिर तो मुक्त मिलेंगे निर्जन में विरहिणी-वियोगी।

रम्भा

अरी, एक रानी भी है राजा को?

चित्रलेखा

तो क्या भय है?

एक घाट पर किस राजा का रहता बँधा प्रणय है?
नया बोध श्रीमन्त प्रेम का करते ही रहते हैं,
नित्य नई सुन्दरताओं पर मरते ही रहते हैं।
सहधर्मिणी गेह में आती कुल-पोषण करने को,
पति को नहीं नित्य नूतन मादकता से भरने को।
किन्तु, पुरुष चाहता भींगना मधु के नये क्षणों से,
नित्य चूमना एक पुष्प अभिसिंचित ओस-कणों से।
जितने भी हों कुसुम, कौन उर्वशी-सदृश, पर, होगा?
उसे छोड़ अन्यत्र रमे, दृगहीन कौन नर होगा?
कुल की हो जो भी, रानी उर्वशी हृदय की होगी?
एकमात्र स्वामिनी नृपति के पूर्ण प्रणय की होगी।

सहजन्या

तब तो अपर स्वर्ग में ही तू उसको धर आई है,
नन्दन-वन को लूट ज्योति से भू को भर आई है।

मेनका

अपर स्वर्ग तुम कहो, किन्तु, मेरे मन में संशय है।
कौन जानता है, राजा का कितना तरल हृदय है?
सखी उर्वशी की पीड़ा, माना, तुम जान चुकी हो;
चित्रे! पर, क्या, इसी भाँति, नृप को पहचान चुकी हो?
तड़प रही उर्वशी स्वर्ग तजकर जिसको वरने को,
प्रस्तुत है वह भी क्या उसका आलिंगन करने को?
दहक उठी जो आग चित्रलेखे! अमर्त्य के मन में,
देखा कभी धुआँ भी उसका तूने मर्त्य भुवन में?

चित्रलेखा

धुआँ नहीं, ज्वाला देखी है, ताप उभयदिक् सम है,
जो अमर्त्य की आग, मर्त्य की जलन न उससे कम है।
सुखामोद से उदासीन जैसे उर्वशी विकल है,
उसी भाँति दिन-रात कभी राजा को रंच न कल है।

छिपकर सुना एक दिन कहते उन्हें स्वयं निज मन से :
"वृथा लौट आया उस दिन उज्ज्वल मेघों के वन से।
नीति-भीति, संकोच-शील का ध्यान न टुक लाना था,
मुझे त्रस्त उस सपने के पीछे-पीछे जाना था।

"एक मूर्ति में सिमट गईं किस भाँति सिद्धियाँ सारी?
कब था ज्ञात मुझे, इतनी सुन्दर होती है नारी?
लाल-लाल वे चरण कमल-से, कुंकुम-से, जावक-से,
तन की रक्तिम कान्ति शुद्ध, ज्यों, धुली हुई पावक से।
जग भर की माधुरी अरुण अधरों में धरी हुई-सी,
आँखों में वारुणी-रंग निद्रा कुछ भरी हुई-सी।
तन-प्रकान्ति मुकुलित अनन्त ऊषाओं की लाली-सी,
नूतनता सम्पूर्ण जगत् की संचित हरियाली-सी।
पग पड़ते ही फूट पड़ें विद्रुम-प्रवाल धूलों से,
जहाँ खड़ी हो, वहीं व्योम भर जाए श्वेत फूलों से।

"दर्पण, जिसमें प्रकृति रूप अपना देखा करती है;
वह सौन्दर्य, कला जिसका सपना देखा करती है।
नहीं, उर्वशी नारि नहीं, आभा है निखिल भुवन की;
रूप नहीं, निष्कलुष कल्पना है स्त्रष्टा के मन की।"
फिर बोले, "जाने, कब तक परितोष प्राण पाएँगे?

अन्तरग्नि में पड़े स्वप्न कब तक जलते जाएँगे?
जाने, कब कल्पना रूप धारण कर अंक भरेगी?
कल्पलता, जाने, आलिंगन से कब तपन हरेगी?
आह! कौन मन पर यों मढ़ सोने का तार रही है?
मेरे चारों ओर कौन चाँदनी पुकार रही है?

"नक्षत्रों के बीज प्राण के नभ में बोनेवाली!
ओ रसमयी वेदनाओं में मुझे डुबोनेवाली!
स्वर्गलोक की सुधे! अरी, ओ, आभा नन्दन-वन की!
किस प्रकार तुझ तक पहुँचाऊँ पीड़ा मैं निज मन की?
स्यात्, अभी तप ही अपूर्ण है, न तो भेद अम्बर को
छुआ नहीं क्यों मेरी आहों ने तेरे अन्तर को?

"पर, मैं नहीं निराश, सृष्टि में व्याप्त एक ही मन है,
और शब्दगुण गगन रोकता रव का नहीं गमन है।
निश्चय, विरहाकुल पुकार से कभी स्वर्ग डोलेगा;
और नीलिमा-पुंज हमारा मिलन-मार्ग खोलेगा।

"मेरे अश्रु ओस बनकर कल्पद्रुम पर छाएँगे,
पारिजात-वन के प्रसून आहों से कुम्हलाएँगे।
मेरी मर्म-पुकार मोहिनी! वृथा नहीं जाएगी,
आज न तो कल तुझे इन्द्रपुर में वह तड़पाएगी।
और वही लाएगी नीचे तुझे उतार गगन से
या फिर देह छोड़ मैं ही मिलने आऊँगा मन से।"

सहजन्या

यह कराल वेदना पुरुष की! मानव प्रणय-व्रती की!

चित्रलेखा

यही समुद्वेलन नर का शोभा है रूपमती की।
सुन्दर थी उर्वशी, आज वह और अधिक सुन्दर है।
राका की जय तभी, लहर उठता जब रत्नाकर है।

सहजन्या

महाराज पर बीत रहा इतना कुछ? तब तो रानी
समझ गई होंगी, मन-ही-मन, सारी गूढ़ कहानी।

चित्रलेखा

कैसे समझे नहीं! प्रेम छिपता है कभी छिपाए?
कुल-वामा क्या करे, किन्तु, जब यह विपत्ति आ जाए?
प्रिय की प्रीति हेतु रानी कोई व्रत साध रही हैं,
सुना, आजकल चन्द्र-देवता को आराध रही हैं।

सहजन्या

तब तो चन्द्रानना-चन्द्र में अच्छी होड़ पड़ी है।

मेनका

यह भी है कुछ ध्यान, रात अब केवल चार घड़ी है।

रम्भा

अच्छा, कोई तान उठाओ, उड़ो मुक्त अम्बर में,
भू को नभ के साथ मिलाए चलो गीत के स्वर में।

[समवेत गान]

बरस रही मधु धार गगन से, पी ले यह रस रे!
उमड़ रही जो विभा, उसे बढ़ बाँहों में कस रे!
इस अनन्त रसमय सागर का अतल और मधुमय है,
डूब, डूब, फेनिल तरंग पर मान नहीं बस रे!
दिन की जैसी कठिन धूप, वैसा ही तिमिर कुटिल है,
रच रे, रच झिलमिल प्रकाश, चाँदनियों में बस रे!

[सब गाते-गाते उड़कर आकाश में विलीन हो जाती हैं।]

द्वितीय अंक

प्रियवचनशतोऽपि योषिताम् दयितजनानुनयो रसादृते,
प्रविशति हृदयं न तद्विदाम् मणिरिव कृत्रिमरागयोजितः।

—विक्रमोर्वशीयम्

[प्रतिष्ठानपुर का राजभवन : पुरूरवा की महारानी औशीनरी अपनी दो सखियों के साथ]

औशीनरी

तो वे गए?

निपुणिका

गए! उस दिन जब पति का पूजन करके
लौटीं, आप प्रमदवन से सन्तोष हृदय में भरके,
लेकर यह विश्वास, रोहिणी और चन्द्रमा जैसे
हैं अनुरक्त, आपके प्रति भी महाराज अब वैसे
प्रेमासक्त रहेंगे, कोई भी न विषम क्षण होगा,
अन्य नारियों पर प्रभु का अनुरक्त नहीं मन होगा,
तभी भाग्य पर देवि! आपके कुटिल नियति मुसकाई,
महाराज से मिलने को उर्वशी स्वर्ग से आई।

औशीनरी

फिर क्या हुआ?

निपुणिका

देवि, वह सब भी क्या अनुचरी कहेगी?

औशीनरी

पगली! कौन व्यथा है, जिसको नारी नहीं सहेगी?
कहती जा सब कथा, अग्नि की रेखा को चलने दे,
जलता है यदि हृदय अभागिन का, उसको जलने दे।
सानुकूलता कितनी थी उस दिन स्वामी के स्वर में!
समझ नहीं पाती, कैसे वे बदल गए क्षण भर में!
ऐसी भी मोहिनी कौन-सी परियाँ कर सकती हैं,
पुरुषों की धीरता एक पल में यों हर सकती हैं!

छला अप्सरा ने स्वामी को छवि से या माया से?

निपुणिका

प्रकटी जब उर्वशी चाँदनी में द्रुम की छाया से,
लगा, सर्प के मुख से जैसे मणि बाहर निकली हो,
याकि स्वयं चाँदनी स्वर्ण-प्रतिमा में आन ढली हो;
उतरी हो धर देह स्वप्न की विभा प्रमद-उपवन की,
उदित हुई हो याकि समन्वित नारीश्री त्रिभुवन की।
कुसुम-कलेवर में प्रदीप्त आभा ज्वालामय मन की,
चमक रही थी नग्न कान्ति वसनों से छनकर तन की।
हिमकण-सिक्त-कुसुमसम उज्ज्वल अंग-अंग झलमल था,

मानो, अभी-अभी जल से निकला उत्फुल्ल कमल था।
किसी सान्द्र वन के समान नयनों की ज्योति हरी थी,
बड़ी-बड़ी पलकों के नीचे निद्रा भरी-भरी थी।
अंग-अंग में लहर लास्य की राग जगानेवाली,
नर के सुप्त, शान्त शोणित में आग लगानेवाली।

मदनिका

सुप्त, शान्त कहती हो? जलधारा को पाषाणों में
हाँक रही जो शक्ति, वही छिपकर नर के प्राणों में,
दौड़-दौड़ शोणित-प्रवाह में लहरें उपजाती है,
और किसी दिन फूट प्रेम की धारा बन जाती है।
पर, तुम कहो कथा आगे की, पूर्ण चन्द्र जब आया,
अचल रहा अथवा मर्यादा छोड़ सिन्धु लहराया?

निपुणिका

सिन्धु अचल रहता तो हम क्यों रोते राजमहल में?
जलते क्यों इस भाँति भाग्य के दारुण कोपानल में?

महाराज ने देख उर्वशी को अधीर अकुलाकर,
बाँहों में भर लिया दौड़ गोदी में उसे उठाकर।
समा गई उर-बीच अप्सरा सुख-सम्भार-नता-सी,
पर्वत के पंखों में सिमटी गिरिमल्लिका-लता-सी।

और प्रेम-पीड़ित नृप बोले : "क्या उपचार करूँ मैं?
सुख की इस मादक तरंग को कहाँ समेट धरूँ मैं?
गहा चाहता सिन्धु प्राण का कौन अदृश्य किनारा?
छुआ चाहती किसे हृदय को फोड़ रक्त की धारा?

कौन सुरभि की दिव्य बेलि प्राणों में गमक उठी है?
नई तारिका कौन आज मूर्धा पर चमक उठी है?
किस पाटल के गन्ध-विकल दल उड़कर अनिल-लहर में
मन्द-मन्द तिर रहे आज प्राणों के मादक सर में?
सुगम्भीर सुख की समाधि यह भी कितनी निस्तल है?
डूबें प्राण जहाँ तक, रस-ही-रस है, जल-ही-जल है।

"प्राणों की मणि! अयि मनोज्ञ मोहिनी! दुरन्त विरह में
नहीं झेलता रहा वेदनाएँ क्या-क्या दुस्सह मैं?
दिवा-रात्रि उन्निद पलों में तेरा ध्यान सँजोकर
काट दिये आतप, वर्षा, हिमकाल सतत रो-रोकर।
विदा समय तूने देखा था जिस मधु-मत्त नयन से,
वह प्रतिमा, वह दृष्टि न भूली कभी एक क्षण मन से।

"धरते तेरा ध्यान चाँदनी मन में छा जाती थी,
चुम्बन की कल्पना अंग में सिहरन उपजाती थी।
मेघों में सर्वत्र छिपी मेरा मन तू हरती थी,
और ओट लेकर विधु की संकेत मुझे करती थी।
फूल-फूल में यही इन्दु-मुख आकर्षण उपजाकर,
छिप जाता सौ बार बिहँस इंगित से मुझे बुलाकर।
रस की स्रोतस्विनी यही प्राणों में लहराती थी,
दाह-दग्ध सैकत को, पर, अभिसिक्त न कर पाती थी।
किन्तु, आज आषाढ़, घनाली छाई मतवाली है,
मुझे घेरकर खड़ी हो गई नूतन हरियाली है।

"प्राणेश्वरी! मिलन-सुख को, नित होकर संग वरें हम,
मधुमय हरियाले निकुंज में आजीवन विचरें हम।"

औशीनरी

आजीवन वे साथ रहेंगे? तो अब क्या करना है?
जीते जी यह मरण झेलने से अच्छा मरना है।

निपुणिका

मरण श्रेष्ठ है, किन्तु, आपको वह भी सुलभ नहीं है।
जाते समय मंत्रियों से प्रभु ने यह बात कही है :
"एक वर्ष पर्यन्त गन्धमादन पर हम विचरेंगे,
प्रत्यागत हो नैमिषेय नामक शुभ यज्ञ करेंगे।"
विचरें गिरि पर महाराज हो वशीभूत प्रीता के,
यज्ञ न होगा पूर्ण बिना कुलवनिता परिणीता के।

इसी धर्म के लिए आपको भुवनेश्वरि! जीना है।

औशीनरी

हाय, मरण तक जीकर मुझ को हालाहल पीना है।

जाने, इस गणिका का मैंने कब क्या अहित किया था,
कब, किस पूर्वजन्म में उसका क्या सुख छीन लिया था,
जिसके कारण भ्रमा हमारे महाजन की मति को,
छीन ले गई अधम पापिनी मुझसे मेरे पति को।
ये प्रवंचिकाएँ, जाने, क्यों तरस नहीं खाती हैं,
निज विनोद के हित कुल-वामाओं को तड़पाती हैं।
जाल फेंकती फिरतीं अपने रूप और यौवन का,
हँसी-हँसी में करती हैं आखेट नरों के मन का।
किन्तु, बाण इन व्याधिनियों के किसे कष्ट देते हैं?
पुरुषों को दे मोद प्राण वे वधुओं के लेते हैं।

निपुणिका

पर, कैसी है कृपा भाग्य की इस गणिका के ऊपर!
बरस रहा है महाराज का सारा प्रेम उमड़कर।

जिधर-जिधर उर्वशी घूमती, देव उधर चलते हैं,
तनिक श्रान्त यदि हुई, व्यजन पल्लव-दल से झलते हैं।

निखिल देह को गाढ़ दृष्टि के पय से मज्जित करके,
अंग-अंग किसलय, पराग, फूलों से सज्जित करके,
फिर तुरन्त कहते : "ये भी तो ठीक नहीं जँचते हैं",
भाँति-भाँति के विविध प्रसाधन बार-बार रचते हैं।

और उर्वशी पीकर सब आनन्द मौन रहती है,
अर्धचेत पुलकातिरेक में मन्द-मन्द बहती है।

मदनिका

इसमें क्या आश्चर्य? प्रीति जब प्रथम-प्रथम जगती है,
दुर्लभ स्वप्न-समान रम्य नारी नर को लगती है।

कितनी गौरवमयी घड़ी वह भी नारी-जीवन की,
जब अजेय केसरी भूल सुध-बुध समस्त तन-मन की
पद पर रहता पड़ा, देखता अनिमिष नारी-मुख को,
क्षण-क्षण रोमाकुलित, भोगता गूढ़ अनिर्वच सुख को!

यही लग्न है वह जब नारी, जो चाहे, वह पा ले,
उडुओं की मेखला, कौमुदी का दुकूल मँगवा ले।

रँगवा ले उँगलियाँ पदों की ऊषा के जावक से,
सजवा ले आरती पूर्णिमा के विधु के पावक से।

तपोनिष्ठ नर का संचित तप और ज्ञान ज्ञानी का,
मानशील का मान, गर्व गर्वीले, अभिमानी का,
सब चढ़ जाते भेंट, सहज ही, प्रमदा के चरणों पर
कुछ भी बचा नहीं पाता नारी के उद्वेलित नर।

किन्तु, हाय, यह उद्वेलन भी कितना मायामय है!
उठता धधक सहज जिस आतुरता से पुरुष हृदय है,
उस आतुरता से न ज्वार आता नारी के मन में
रखा चाहती वह समेटकर सागर को बन्धन में।

औशीनरी

किन्तु, बन्ध को तोड़ ज्वार नारी में जब जगता है,
तब तक नर का प्रेम शिथिल, प्रशमित होने लगता है।
पुरुष चूमता हमें अर्ध निद्रा में हम को पाकर,
पर, हो जाता विमुख प्रेम के जग में हमें जगाकर।

और जगी रमणी प्राणों में लिये प्रेम की ज्वाला,
पंथ जोहती हुई पिरोती बैठ अश्रु की माला।
वही आँसुओं की माला अब मुझे पिरोनी होगी।

निपुणिका

इसी भाँति क्या महाराज भी होंगे नहीं वियोगी?
आप सदृश सन्नारी को यदि राजा तज सकते हैं,
आँख मूँद स्वर्वेश्या को कब तक वे भज सकते हैं?

औशीनरी

कौन कहे? यह प्रेम हृदय की बहुत बड़ी उलझन है।
जो अलभ्य, जो दूर, उसी को अधिक चाहता मन है।

मदनिका

उस पर भी नर में प्रवृत्ति है क्षण-क्षण अकुलाने की,
नई-नई प्रतिमाओं का नित नया प्यार पाने की।
वश में आई हुई वस्तु से इसको तोष नहीं है,
जीत लिया जिसको, उससे आगे सन्तोष नहीं है।

नई सिद्धि-हित नित्य नया संघर्ष चाहता है नर,
नया स्वाद, नव जय, नित नूतन हर्ष चाहता है नर।
कर-स्पर्श से दूर, स्वप्न झलमल नर को भाता है,
छक कर जिसको पी न सका, वह जल नर को भाता है।
ग्रीवा में झूलते कुसुम पर प्रीति नहीं जगती है,
जो पद पर चढ़ गई, चाँदनी फीकी वह लगती है।

क्षण-क्षण प्रकटे, दुरे, छिपे फिर-फिर जो चुम्बन लेकर,
ले समेट जो निज को प्रिय के क्षुधित अंक में देकर;
जो सपने के सदृश बाहु में उड़ी-उड़ी आती हो,
और लहर-सी लौट तिमिर में डूब-डूब जाती हो,
प्रियतम को रख सके निमज्जित जो अतृप्ति के रस में,
पुरुष बड़े सुख से रहता है उस प्रमदा के बस में।

औशीनरी

गृहिणी जाती हार दाँव सम्पूर्ण समर्पण करके,
जयिनी रहती बनी अप्सरा ललक पुरुष में भरके।

पर, क्या जाने ललक जगाना नर में गृहिणी नारी?
जीत गई अप्सरा, सखी! मैं रानी बनकर हारी।

निपुणिका

इतना कुछ जानते हुए भी क्यों विपत्ति को आने
दिया, और पति को अपने हाथों से बाहर जाने?

महाराज भी क्या कोई दुर्बल नर साधारण हैं,
जिसका चित्त अप्सराएँ कर सकतीं सहज हरण हैं?
कार्त्तिकेय-सम शूर, देवताओं के गुरु-सम ज्ञानी,
रवि-सम तेजवन्त, सुरपति के सदृश प्रतापी, मानी;
घनद-सदृश संग्रही, व्योमवत् मुक्त, जलद-निभ त्यागी,
कुसुम-सदृश मधुमय, मनोज्ञ, कुसुमायुध-से अनुरागी।

ऐसे नर के लिए न वामा क्या कुछ कर सकती है?
कौन वस्तु है जिसे नहीं चरणों पर धर सकती है?

औशीनरी

अरी, कौन है कृत्य जिसे मैं अब तक कर न सकी हूँ?
कौन पुष्प है जिसे प्रणय-वेदी पर धर न सकी हूँ?
प्रभु को दिया नहीं, ऐसा तो पास न कोई धन है।
न्योछावर आराध्य-चरण पर सखि! तन, मन, जीवन है।

तब भी तो भिक्षुणी-सदृश जोहा करती हूँ मुख को,
सदा हेरती रहती प्रिय की आँखों में निज सुख को।
पर, वह मिलता नहीं, चमक, जाने, खो गई कहाँ पर!
जाने, प्रभु के मधुर प्रेम की श्री सो गई कहाँ पर!

सब कुछ है उपलब्ध, एक सुख वही नहीं मिलता है,
जिससे नारी के अन्तर का मान-पद्म खिलता है।
वह सुख जो उन्मुक्त बरस पड़ता उस अवलोकन से,
देख रहा हो नारी को जब नर मधु-मत्त नयन से।

वह अवलोकन, धूल वयस की जिससे छन जाती है,
प्रौढ़ा पाकर जिसे कुमारी युवती बन जाती है।
अति पवित्र निर्झरी क्षीरमय दृग की वह सुखकारी,
जिसमें कर अवगाह नई फिर हो उठती है नारी।

मदनिका

जब तक यह रस-दृष्टि, तभी तक रसोद्रेक जीवन में,
आलिंगन में पुलक और सिहरन सजीव चुम्बन में।
विरस दृष्टि जब हुई, स्वाद चुम्बन का खो जाता है,
दारु-स्पर्श-वत् सारहीन आलिंगन हो जाता है।

वपु तो केवल ग्रन्थ मात्र है, क्या हो काय-मिलन से?
तन पर जिसे प्रेम लिखता, कविता आती वह मन से।
पर, नर के मन को सदैव वश में रखना दुष्कर है,
फूलों से यह मही पूर्ण है और चपल मधुकर है।

पुरुष सदा आक्रान्त विचरता मादक प्रणय-क्षुधा से,
जय से उसको तृप्ति नहीं, सन्तोष न कीर्ति-सुधा से।
असफलता में उसे जननि का वक्ष याद आता है,
संकट में युवती का शय्या-कक्ष याद आता है।

संघर्षों से श्रमित-श्रान्त हो पुरुष खोजता विह्वल
सिर धरकर सोने को, क्षण भर, नारी का वक्षस्थल।

आँखों में जब अश्रु उमड़ते, पुरुष चाहता चुम्बन,
और विपद् में रमणी के अंगों का गाढ़ालिंगन।

जलती हुई धूप में आती याद छाँह की, जल की,
या निकुंज में राह देखती प्रमदा के अंचल की।
और नरों में भी, जो जितना ही विक्रमी, प्रबल है,
उतना ही उद्दाम, वेगमय उसका दीप्त अनल है।

प्रकृति-कोष से जो जितना ही तेज लिये आता है,
वह उतना ही अनायास फूलों से कट जाता है।
अगम, अगाध, वीर नर जो अप्रतिम तेज-बलधारी,
बड़ी सहजता से जय करती उन्हें रूपसी नारी।

तिमिराच्छन्न व्योम-वेधन में जो समर्थ होती है,
युवती के उज्ज्वल कपोल पर वही दृष्टि सोती है।
जो बाँहें गिरि को उखाड़ आलिंगन में भरती हैं,
उर:पीड-परिरम्भ-वेदना वही दान करती हैं।

जितना ही जो जलधि रत्न-पूरित, विक्रान्त, अगम है,
उसकी वाड़वाग्नि उतनी ही अविश्रान्त, दुर्दम है।
बन्धन को मानते वही, जो नद, नाले, सोते हैं,
किन्तु, महानद तो, स्वभाव से ही, प्रचंड होते हैं।

निपुणिका

इस प्रचंडता का जग में कोई उपचार नहीं है?

औशीनरी

पति के सिवा योषिता का कोई आधार नहीं है।
जब तक है यह दशा, नारियाँ व्यथा कहाँ खोएँगी?
आँसू छिपा हँसेंगी, फिर हँसते-हँसते रोएँगी।

[कंचुकी का प्रवेश]

कंचुकी

जय हो भट्टारिके! मार्ग भट्टारक को दिखलाने
और उन्हें सक्षेम गन्धमादन गिरि तक पहुँचाने
जो सैनिक थे गए, आज वे नगर लौट आए हैं,
और आपके लिए सन्देशा यह प्रभु का लाए हैं।

"पवन स्वास्थ्यदायी, शीतल, सुस्वादु यहाँ का जल है,
झीलों में, बस, जिधर देखिए, उत्पल-ही-उत्पल है।
लम्बे-लम्बे चीड़ ग्रीव अम्बर की ओर उठाये,
एक चरण पर खड़े तपस्वी-से हैं ध्यान लगाये।

दूर-दूर तक बिछे हुए फूलों के नन्दन-वन हैं,
जहाँ देखिए, वहीं लता-तरुओं के कुंज-भवन हैं।
शिखरों पर हिमराशि और नीचे झरनों का पानी,
बीचोबीच प्रकृति सोई है ओढ़ निचोली धानी।

बहुत मग्न अतिशय प्रसन्न हूँ मैं तो इस मधुवन में,
किन्तु, यहाँ भी कसक रही है वही वेदना मन में।
प्रतिष्ठानपुर में भू का स्वर्गीय तेज जगता है,
एक वंशधर बिना, किन्तु, सब कुछ सूना लगता है।

पुत्र! पुत्र! अपने गृह में क्या दीपक नहीं जलेगा?
देवि! दिव्य यह ऐल वंश क्या आगे नहीं चलेगा?
करती रहें प्रार्थना, त्रुटि हो नहीं धर्म-साधन में,
जहाँ रहूँ, मैं भी रत हूँ ईश्वर के आराधन में।"

निपुणिका

सुन लिया सन्देश आर्ये?

औशीनरी

हाँ, अनोखी साधना है,
अप्सरा के संग रमना ईश की आराधना है!
पुत्र पाने के लिए बिरहा करें वे कुंज-वन में,
और मैं आराधना करती रहूँ सूने भवन में।

कितना विलक्षण न्याय है!
कोई न पास उपाय है!
अवलम्ब है सबको, मगर, नारी बहुत असहाय है।

दुःख-दर्द जतलाओ नहीं,
मन की व्यथा गाओ नहीं,
नारी! उठे जो हूक मन में, जीभ पर लाओ नहीं।

तब भी मरुत अनुकूल हों,
मुझको मिलें, जो शूल हों,
प्रियतम जहाँ भी हों, बिछे सर्वत्र पथ में फूल हों।

प्रस्तरावरण कर भंग, तोड़ तम को उन्मत्त उभरती हूँ।

[पृष्ठ-संख्या 113]

तृतीय अंक

पुरूरवः! पुनरस्तं परेहि,
दुरापना वात इवाहमस्मि।

—ऋग्वेद

"हे पुरूरवा! तुम अपने घर को लौट जाओ। मैं वायु के समान दुष्प्राप्य हूँ।"

[गन्धमादन पर्वत पर पुरूरवा और उर्वशी]

पुरूरवा

जब से हम-तुम मिले, न जाने, कितने अभिसारों में
रजनी कर श्रृंगार सितासित नभ में घूम चुकी है;
जाने, कितनी बार चन्द्रमा को, बारी-बारी से,
अमा चुरा ले गई और फिर ज्योत्स्ना ले आई है।

जब से हम-तुम मिले, रूप के अगम, फुल्ल कानन में
अनिमिष मेरी दृष्टि किसी विस्मय में डूब गई है,
अर्थ नहीं सूझता मुझे अपनी ही विकल गिरा का;
शब्दों से बनती हैं जो मूर्तियाँ, तुम्हारे दृग से।
उठनेवाले क्षीर-ज्वार में गलकर खो जाती हैं।

खड़ा सिहरता रहता मैं आनन्द-विकल उस तरु-सा
जिसकी डालों पर प्रसन्न गिलहरियाँ किलक रही हों,
या पत्तों में छिपी हुई कोयल कूजन करती हो।

उर्वशी

जब से हम-तुम मिले, न जाने, क्या हो गया समय को,
लय होता जा रहा मरुद्गति से अतीत-गह्वर में।
किन्तु, हाय, जब तुम्हें देख मैं सुरपुर को लौटी थी,
यही काल अजगर-समान प्राणों पर बैठ गया था।
उदित सूर्य नभ से जाने का नाम नहीं लेता था,
कल्प बिताये बिना न हटती थीं वे काल-निशाएँ

कामद्रुम-तल पड़ी तड़पती रही तप्त फूलों पर;
पर, तुम आए नहीं कभी छिपकर भी सुधि लेने को।
निष्ठुर बन निश्चिन्त भोगते बैठे रहे महल में
सुख प्रताप का, यश का, जय का, कलियों का, फूलों का।

मिले, अन्त में, तब, जब ललना की मर्याद गँवाकर।
स्वर्ग-लोक को छोड़ भूमि पर स्वयं चली मैं आई।

पुरूरवा

चिर-कृतज्ञ हूँ इस कृपालुता के हित, किन्तु, मिलन का,
इसे छोड़कर और दूसरा कौन पंथ सम्भव था
उस दिन दुष्ट दनुज के कर से तुम्हें विमोचित करके
और छोड़ कर तुम्हें तुम्हारी सखियों के हाथों में
लौटा जब मैं राज-भवन को, लगा, देह ही केवल
रथ में बैठी हुई किसी विध गृह तक पहुँच गई है;

छूट गए हैं प्राण उन्हीं उज्ज्वल मेघों के वन में,
जहाँ मिली थीं तुम क्षीरोदधि में लालिमा-लहर-सी।

कई बार चाहा, सुरपति से जाकर स्वयं कहूँ मैं,
अब उर्वशी बिना यह जीवन भार हुआ जाता है,
बड़ी कृपा हो उसे आप यदि भूतल पर जाने दें।

पर मन ने टोका : "क्षत्रिय भी भीख माँगते हैं क्या?"
और प्रेम क्या कभी प्राप्त होता है भिक्षाटन से?
मिल भी गई उर्वशी यदि तुम को इन्द्र की कृपा से,
उसका हृदय-कपाट कौन तेरे निमित्त खोलेगा?
बाहर साँकल नहीं जिसे तू खोल हृदय पा जाए,
इस मन्दिर का द्वार सजा अन्तःपुर से खुलता है।

"और कभी यह भी सोचा है, जिस सुगन्ध से छककर
बिकल वायु बह रही मत्त होकर त्रिकाल-त्रिभुवन की,
उस दिगन्त-व्यापिनी गन्ध की अव्यय, अमर शिखा को
मर्त्य प्राण की किस निकुंज-वीथी में बाँध धरेगा?"

इसीलिए, असहाय तड़पता बैठा रहा महल में
लेकर यह विश्वास, प्रीति मेरी यदि मृषा नहीं है,
मेरे मन का दाह व्योम के नीचे नहीं रुकेगा,
जलद-पुंज को भेद, पहुँचकर पारिजात के वन में
वह अवश्य ही कर देगा सन्तप्त तुम्हारे मन को।
और प्रीति जगने पर तुम वैकुंठ-लोक को तजकर
किसी रात, निश्चय, भूतल पर स्वयं चली आओगी।

उर्वशी

सो तो मैं आ गई, किन्तु, यह वैसा ही आना है,
अयस्कान्त ले खींच अयस को जैसे निज बाँहों में।
पर, इस आने में किंचित् भी स्वाद कहाँ उस सुख का,
जो सुख मिलता उन मनस्विनी वामलोचनाओं को
जिन्हें प्रेम से उद्वेलित विक्रमा पुरुष बलशाली
रण से लाते जीत या कि बल-सहित हरण करते हैं।

नदियाँ आतीं स्वयं, ध्यान सागर, पर, कब देता है?
वेला का सौभाग्य जिसे आलिंगन में भरने को
चिर-अतृप्त, उद्भ्रान्त महोदधि लहराता रहता है।

वही धन्य जो मानमयी प्रणयी के बाहु-वलय में
खिंची नहीं, विक्रम-तरंग पर चढ़ी हुई आती है।

हरण किया क्यों नहीं, माँग लाने में यदि अपयश था?

पुरूरवा

अयशमूल दोनों विकर्म हैं, हरण हो कि भिक्षाटन।
और हरण करता मैं किसका? उस सौन्दर्य-सुधा का
जो देवों की शान्ति, इन्द्र के दृग की शीतलता थी?

नहीं बढ़ाया कभी हाथ पर के स्वाधीन मुकुट पर,
न तो किया संघर्ष कभी पर की वसुधा हरने को।
तब भी प्रतिष्ठानपुर वन्दित है सहस्र मुकुटों से,
और राज्य-सीमा दिन-दिन विस्तृत होती जाती है।
इसी भाँति, प्रत्येक सुयश, सुख, विजय, सिद्धि जीवन की

अनायास, स्वयमेव प्राप्त मुझ को होती आई है।
यह सब उनकी कृपा, सृष्टि जिनकी निगूढ़ रचना है।
झुके हुए हम धनुष मात्र हैं, तनी हुई ज्या पर से
किसी और की इच्छाओं के बाण चला करते हैं।

मैं मनुष्य, कामना-वायु मेरे भीतर बहती है
कभी मन्द गति से प्राणों में सिहरन-पुलक जगा कर;
कभी डालियों को मरोड़ झंझा की दारुण गति से
मन का दीपक बुझा, बनाकर तिमिराच्छन्न हृदय को।
किन्तु, पुरुष क्या कभी मानता है तम के शासन को?
फिर होता संघर्ष, तिमिर में दीपक फिर जलते हैं।

रंगों की आकुल तरंग जब हम को कस लेती है,
हम केवल डूबते नहीं ऊपर भी उतराते हैं
पुंडरीक के सदृश मृत्ति-जल ही जिसका जीवन है,
पर, तब भी रहता अलिप्त जो सलिल और कर्दम से।

नहीं इतर इच्छाओं तक ही अनासक्ति सीमित है,
उसका किंचित् स्पर्श प्रणय को भी पवित्र करता है।

उर्वशी

यह मैं क्या सुन रही? देवताओं के जग से चलकर
फिर मैं क्या फँस गई किसी सुर के ही बाहु-वलय में?
अन्धकार की मैं प्रतिमा हूँ? जब तक हृदय तुम्हारा
तिमिर-ग्रस्त है, तब तक ही मैं उसपर राज करूँगी?
और जलाओगे जिस दिन बुझे हुए दीपक को,
मुझे त्याग दोगे प्रभात में रजनी की माला-सी?

वह विद्युन्मय स्पर्श तिमिर है, पाकर जिसे त्वचा की
नींद टूट जाती, रोमों में दीपक बल उठते हैं?
वह आलिंगन अन्धकार है, जिसमें बँध जाने पर
हम प्रकाश के महासिन्धु में उतराने लगते हैं?
और कहोगे तिमिर-शूल उस चुम्बन को भी जिससे
जड़ता की ग्रन्थियाँ निखिल तन-मन की खुल जाती हैं?

यह भी कैसी द्विधा? देवता गन्धों के घेरे से
निकल नहीं मधुपूर्ण पुष्प का चुम्बन ले सकते हैं।
और देहधर्मी नर फूलों के शरीर को तजकर
ललचाता है दूर गन्ध के नभ में उड़ जाने को।

अनासक्ति तुम कहो, किन्तु, उस द्विधा-ग्रस्त मानव की
झाँकी तुममें देख मुझे, जाने क्यों, भय लगता है।

तन से मुझको कसे हुए अपने दृढ़ आलिंगन में,
मन से, किन्तु, विषण्ण दूर तुम कहाँ चले जाते हो?
बरसाकर पीयूष प्रेम का, आँखों से आँखों में,
मुझे देखते हुए कहाँ तुम जाकर खो जाते हो?
कभी-कभी लगता है, तुमसे जो कुछ भी कहती हूँ,
आशय उसका नहीं, शब्द केवल मेरे सुनते हो।

क्षण में प्रेम अगाध, सिन्धु हो जैसे आलोड़न में;
और पुनः वह शान्ति, नहीं जब पत्ते भी हिलते हैं।
अभी दृष्टि युग-युग के परिचय से उत्फुल्ल, हरी-सी;
और अभी यह भाव, गोद में पड़ी हुई मैं जैसे
युवती नारी नहीं, प्रार्थना की कोई कविता हूँ।

शमित-वह्नि सुर की शीतलता तो अज्ञात नहीं है;
पर, ज्वलन्त नर पर किसका यह अंकुश लटक रहा है,
छककर देता उसे नहीं पीने जो रस जीवन का,
न तो देवता-सदृश गन्ध-नभ में जीने देता है।

पुरूरवा

कौन है अंकुश, इसे मैं भी नहीं पहचानता हूँ।
पर, सरोवर के किनारे कंठ में जो जल रही है,
उस तृषा, उस वेदना को जानता हूँ।

आग है कोई, नहीं जो शान्त होती;
और खुलकर खेलने से भी निरन्तर भागती है।

रूप का रसमय निमंत्रण
या कि मेरे ही रुधिर की वह्नि
मुझ को शान्ति से जीने न देती।
हर घड़ी कहती, उठो,
इस चन्द्रमा को हाथ से धर कर निचोड़ो,
पान कर लो यह सुधा, मैं शान्त हूँगी,
अब नहीं आगे कभी उद्भ्रान्त हूँगी।

किन्तु, रस के पात्र पर ज्यों ही लगाता हूँ अधर को,
घूँट या दो घूँट पीते ही
न जाने, किस अतल से नाद यह आता,
"अभी तक भी न समझा?
दृष्टि का जो पेय है, वह रक्त का भोजन नहीं है।
रूप की आराधना का मार्ग आलिंगन नहीं है।"

टूट गिरती हैं उमंगें,
बाहुओं का पाश हो जाता शिथिल है।

अप्रतिभ मैं फिर उसी दुर्गम जलधि में डूब जाता,
फिर वही उद्विग्न चिन्तन,
फिर वही पृच्छा चिरन्तन,
"रूप की आराधना का मार्ग
आलिंगन नहीं तो और क्या है?
स्नेह का सौन्दर्य को उपहार
रस-चुम्बन नहीं तो और क्या है?"

रक्त की उत्तम लहरों की परिधि के पार
कोई सत्य हो तो,
चाहता हूँ, भेद उसका जान लूँ।
पथ हो सौन्दर्य की आराधना का व्योम में यदि
शून्य की उस रेख को पहचान लूँ।

पर, जहाँ तक भी उड़ूँ, इस प्रश्न का उत्तर नहीं है।
मृत्ति महदाकाश में ठहरे कहाँ पर? शून्य है सब।
और नीचे भी नहीं सन्तोष,
मिट्टी के हृदय से
दूर होता ही कभी अम्बर नहीं है।

इस व्यथा को झेलता
आकाश की निस्सीमता में
घूमता फिरता विकल, विभ्रान्त
पर, कुछ भी न पाता।

प्रश्न को कढ़ता,
गगन की शून्यता में गूँजकर सब ओर
मेरे ही श्रवण में लौट आता।

और इतने में मही का गान फिर देता सुनाई,
"हम वही जग हैं, जहाँ पर फूल खिलते हैं।
दूब है शय्या हमारे देवता की,
पुष्प के वे कुंज मन्दिर हैं
जहाँ शीतल, हरित, एकान्त मंडप में प्रकृति के
कंटकित युवती-युवक स्वच्छन्द मिलते हैं।"

"इन कपोलों की ललाई देखते हो?
और अधरों की हँसी यह कुन्द-सी, जूही-कली-सी?
गौर चम्पक-यष्टि-सी यह देह श्लथ पुष्पाभरण से,
स्वर्ण की प्रतिमा कला के स्वप्न-साँचे में ढली-सी?"

"यह तुम्हारी कल्पना है, प्यार कर लो।
रूपसी नारी प्रकृति का चित्र है सबसे मनोहर।
ओ गगनचारी! यहाँ मधुमास छाया है।
भूमि पर उतरो,
कमल, कर्पूर, कुंकुम से, कुटज से
इस अतुल सौन्दर्य का शृंगार कर लो।"

गीत आता है मही से?
या कि मेरे ही रुधिर का राग
यह उठता गगन में?
बुलबुलों-सी फूटने लगतीं मधुर स्मृतियाँ हृदय में;

याद आता है मदिर उल्लास में फूला हुआ वन,
याद आते हैं तरंगित अंग के रोमांच, कम्पन;
स्वर्णवर्णा वल्लरी में फूल-से खिलते हुए मुख,
याद आता है निशा के ज्वार में उन्माद का सुख।
कामनाएँ प्राण को हिलकोरती हैं।
चुम्बनों के चिह्न जग पड़ते त्वचा में।

फिर किसी का स्पर्श पाने को तृषा चीत्कार करती।

मैं न रुक पाता कहीं,
फिर लौट आता हूँ पिपासित
शून्य से साकार सुषमा के भुवन में
युद्ध से भागे हुए उस वेदना-विह्वल युवक-सा
जो कहीं रुकता नहीं,
बेचैन जा गिरता अकुंठित
तीर-सा सीधे प्रिया की गोद में।

चूमता हूँ दूब को, जल को, प्रसूनों, पल्लवों को,
वल्लरी की बाँह भर उर से लगाता हूँ;
बालकों-सा मैं तुम्हारे वक्ष में मुँह को छिपाकर
नींद की निस्तब्धता में डूब जाता हूँ।

नींद जल का स्रोत है, छाया सघन है,
नींद श्यामल मेघ है, शीतल पवन है।

किन्तु, जगकर देखता हूँ,
कामनाएँ वर्त्तिका-सी बल रही हैं,

जिस तरह पहले पिपासा से विकल थीं,
प्यास से आकुल अभी भी जल रही हैं।
रात भर, मानो, उन्हें दीपक-सदृश जलना पड़ा हो,
नींद में, मानो, किसी मरुदेश में चलना पड़ा हो।

फिर क्षुधित कोई अतिथि आवाज़ देता,
फिर अधर-पुट खोजने लगते अधर को,
कामना छूकर त्वचा को फिर जगाती है,
रेंगने लगते सहस्रों साँप सोने के रुधिर में,
चेतना रस की लहर में डूब जाती है।

और तब सहसा
न जाने, ध्यान खो जाता कहाँ पर।
सत्य ही, रहता नहीं यह ज्ञान,
तुम कविता, कुसुम या कामिनी हो।
आरती की ज्योति को भुज में समेटे
मैं तुम्हारी ओर अपलक देखता एकान्त मन से
रूप के उद्गम अगम का भेद गुनता हूँ।
साँस में सौरभ, तुम्हारे वर्ण में गायन भरा है,
सींचता हूँ प्राण को इस गन्ध की भीनी लहर से,
और अंगों की विभा की वीचियों से एक होकर
मैं तुम्हारे रंग का संगीत सुनता हूँ।

और फिर यह सोचने लगता, कहाँ, किस लोक में हूँ?
कौन है यह वन सघन हरियालियों का,
झूमते फूलों, लचकती डालियों को?
कौन है यह देश जिसकी स्वामिनी मुझको निरन्तर

वारुणी की धार से नहला रही है?
कौन है यह जग, समेटे अंक में ज्वालामुखी को
चाँदनी चुमकार कर बहला रही है?

कौमुदी के इस सुनहरे जाल का बल तोलता हूँ,
एक पल उड्डीन होने के लिए पर खोलता हूँ।

पर, प्रभंजन मत्त है इस भाँति रस-आमोद में,
उड़ न सकता, लौट गिरता है कुसुम की गोद में।

टूटता तोड़े नहीं यह किसलयों का दाम,
फूलों की लड़ी जो बँध गई, खुलती नहीं है।

कामनाओं के झकोरे रोकते हैं राह मेरी,
खींच लेती है तृषा पीछे पकड़कर बाँह मेरी।

सिन्धु-सा उद्दाम, अपरम्पार मेरा बल कहाँ है?
गूँजता जिस शक्ति का सर्वत्र जय-जयकार,
उस अटल संकल्प का सम्बल कहाँ है?

यह शिला-सा वक्ष, ये चट्टान-सी मेरी भुजाएँ,
सूर्य के आलोक से दीपित, समुन्नत भाल,
मेरे प्राण का सागर अगम, उत्ताल, उच्छल है।

सामने टिकते नहीं वनराज, पर्वत डोलते हैं,
काँपता है कुंडली मारे समय का व्याल,
मेरी बाँह में मारुत, गरुड़, गजराज का बल है।

मर्त्य मानव की विजय का तूर्य हूँ मैं,
उर्वशी! अपने समय का सूर्य हूँ मैं।
अन्ध तम के भाल पर पावक जलाता हूँ,
बादलों के सीस पर स्यन्दन चलाता हूँ।

पर, न जाने, बात क्या है!
इन्द्र का आयुध पुरुष जो झेल सकता है,
सिंह से बाँहें मिलाकर खेल सकता है,
फूल के आगे वही असहाय हो जाता,
शक्ति के रहते हुए निरुपाय हो जाता।

विद्ध हो जाता सहज वंकिम नयन के बाण से,
जीत लेती रूपसी नारी उसे मुसकान से।

मैं तुम्हारे बाण का बींधा हुआ खग,
वक्ष पर धर सीस मरना चाहता हूँ।
मैं तुम्हारे हाथ का लीला-कमल हूँ,
प्राण के सर में उतरना चाहता हूँ।

कौन कहता है,
तुम्हें मैं छोड़कर आकाश में विचरण करूँगा?

बाहुओं के इस वलय में गात्र की वन्दी नहीं है,
वक्ष के इस तल्प पर सोती न केवल देह,
मेरे व्यग्र, व्याकुल प्राण भी विश्राम पाते हैं।

मर्त्य नर को देवता कहना मृषा है,

देवता शीतल, मनुज अंगार है।
देवताओं की नदी में ताप की लहरें न उठतीं,
किन्तु, नर के रक्त में ज्वालामुखी हुंकारता है,
घूर्णियाँ चिनगारियों की नाचती हैं,
नाचते उड़कर दहन के खंड पत्तों-से हवा में,
मानवों का मन गले-पिघले अनल की धार है।

चाहिए देवत्व,
पर, इस आग को धर दूँ कहाँ पर?
कामनाओं को विसर्जित व्योम में कर दूँ कहाँ पर?

वह्नि का बेचैन यह रसकोष, बोलो, कौन लेगा?
आग के बदले मुझे सन्तोष, बोलो, कौन देगा?

फिर दिशाएँ मौन, फिर उत्तर नहीं है।

प्राण की चिर-संगिनी यह वह्नि,
इसको साथ लेकर
भूमि से आकाश तक चलते रहो।
मर्त्य नर का भाग्य!
जब तक प्रेम की धारा न मिलती,
आप अपनी आग में जलते रहो।

एक ही आशा, मरुस्थल की तपन में
ओ सजल कादम्बिनी! सिर पर तुम्हारी छाँह है।
एक ही सुख है, उरस्थल से लगा हूँ,
ग्रीव के नीचे तुम्हारी बाँह है।

इन प्रफुल्लित प्राण-पुष्पों में मुझे शाश्वत शरण दो,
गन्ध के इस लोक से बाहर न जाना चाहता हूँ।
मैं तुम्हारे रक्त के कण में समाकर
प्रार्थना के गीत गाना चाहता हूँ।

उर्वशी

स्वर्णदी, सत्य ही, वह जिसमें ऊर्मियाँ नहीं, खर ताप नहीं;
देवता, शेष जिसके मन में कामना, द्वन्द्व, परिताप नहीं।
पर, ओ, जीवन के चटुल वेग! तू होता क्यों इतना कातर?
तू पुरुष तभी तक, गरज रहा जब तक भीतर यह वैश्वानर।

जब तक यह पावक शेष, तभी तक सखा-मित्र त्रिभुवन तेरा,
चलता है भूतल छोड़ बादलों के ऊपर स्यन्दन तेरा।
जब तक यह पावक शेष, तभी तक सिन्धु समादर करता है,
अपना मस्तक मणि-रत्न-कोष चरणों पर लाकर धरता है।
पथ नहीं रोकते सिंह, राह देती है सघन अरण्यानी,
तब तक ही सीस झुकाते हैं सामने प्रांशु पर्वत मानी।
सुरपति तब तक ही सावधान रहते बढ़कर अपनाने को,
अप्सरा स्वर्ग से आती है अधरों का चुम्बन पाने को।

जब तक यह पावक शेष, तभी तक भाव द्वन्द्व के जगते हैं,
बारी-बारी से मही, स्वर्ग, दोनों ही सुन्दर लगते हैं।
मरघट की आती याद तभी तक फुल्ल प्रसूनों के वन में,
सूने श्मशान को देख चमेली-जूही फूलती हैं मन में।
शय्या की याद तभी तक देवालय में तुझे सताती है,
औ' शयन-कक्ष में मूर्ति देवता की मन में फिर जाती है।

किल्बिष के मल का लेश नहीं, यह शिखा शुभ्र पावक केवल,
जो किए जा रहा तुझे दग्ध कर क्षण-क्षण और अधिक उज्ज्वल।
जितना ही यह खर अनल-ज्वार शोणित में उमह उबलता है।
उतना ही यौवन-अगुरु दीप्त कुछ और धधककर जलता है।
मैं इसी अगुरु की ताप-तप्त, मधुमयी गन्ध पीने आई,
निर्जीव स्वर्ग को छोड़ भूमि की ज्वाला में जीने आई।

बुझ जाए मृत्ति का अनल, स्वर्गपुर का तू इतना ध्यान न कर;
जो तुझे दीप्ति से सजती है, उस ज्वाला का अपमान न कर।
तू नहीं जानता इसे, वस्तु जो इस ज्वाला में खिलती है,
सुर क्या, सुरेश के आलिंगन में भी न कभी वह मिलती है।
यह विकल, व्यग्र, विह्वल प्रहर्ष सुर की सुन्दरी कहाँ पाए?
प्रज्वलित रक्त का मधुर स्पर्श नभ की अप्सरी कहाँ पाए?

वे रक्तहीन, शुची, सौम्य पुरुष अम्बरपुर के शीतल, सुन्दर,
देंउन्हें, किन्तु, क्या दान स्वप्न जिनके लोहित, सन्तप्त, प्रखर?

यह तो नर ही है, एक साथ जो शीतल और ज्वलित भी है,
मन्दिर में साधक-व्रती, पुष्प-वन में कन्दर्प ललित भी है।
योगी अनन्त, चिन्मय, अरूप को रूपायित करनेवाला,
भोगी ज्वलन्त, रमणी-मुख पर चुम्बन अधीर धरनेवाला;

मन की असीमता में निबद्ध नक्षत्र, पिंड, ग्रह, दिशाकाश,
तन में रसस्विनी की धारा, मिट्टी की मृदु, सोंधी सुवास;
मानव मानव ही नहीं, अमृत-नन्दन यह लेख अमर भी है,
वह एक साथ जल-अनल, मृत्ति-महदम्बर, क्षर-अक्षर भी है।

तू मनुज नहीं, देवता, कान्ति से मुझे मंत्र-मोहित कर ले,
फिर मनुज-रूप धर उठा गाढ़ अपने आलिंगन में भर ले।
मैं दो विटपों के बीच मग्न नन्ही लतिका-सी सो जाऊँ,
छोटी तरंग-सी टूट उरस्थल के महीध्र पर खो जाऊँ।

आ मेरे प्यारे तृषित! श्रान्त! अन्तःसर में मज्जित करके,
हर लूँगी मन की तपन चाँदनी, फूलों से सज्जित करके।
रसमयी मेघमाला बनकर मैं तुझे घेर छा जाऊँगी,
फूलों की छाँह-तले अपने अधरों की सुधा पिलाऊँगी।

पुरूरवा

तुम मेरे बहुरँगे स्वप्न की मणि-कुट्टिम प्रतिमा हो,
नहीं मोहती हो केवल तन की प्रसन्न द्युति से ही,
पर, गति की भंगिमा-लहर से, स्वर से, किलकिंचित् से,
और गूढ़ दर्शन-चिन्तन से भरी उक्तियों से भी।

किन्तु, अनल की दाहकता यह दर्शन हर सकता है?
हर सकते हैं उसे मात्र ये दोनों नयन तुम्हारे,
जिनके शुचि, निस्सीम, नील नभ में प्रवेश करते ही
मन के सारे द्विधा-द्वन्द्व, चिन्ता-भय मिट जाते हैं।

या प्रवाल-से अधर दीप्त, जिनका चुम्बन लेते ही
धुल जाती है श्रान्ति, प्राण के पाटल खिल पड़ते हैं
और उमड़ आसुरी शक्ति फिर तन में छा जाती है।
किन्तु, हाय री, लहर वह्नि की, जिसे रक्त कहते हैं;
किन्तु, हाय री, अविच्छिन्न वेदना पुरुष के मन की।
कर्पूरित, उन्मद, सुरम्य इसके रंगीन धुएँ में

जाने, कितनी पुष्पमुखी आकृतियाँ उतराती हैं!
रंगों की यह घटा! व्यग्र झंझा यह मादकता की!
चाहे जितनी उड़े बुद्धि, पर, राह नहीं पाती है।
छिपता भी यदि पुरुष कभी क्षण भर को निभृत निलय में,
यही वह्नि फिर उसे खींच मधुवन में ले आती है।

अप्रतिहत यह अनल! दग्ध हो इसकी दाहकता से
कुंज-कुंज में जगे हुए कोकिल क्रन्दन करते हैं।
घूर्णिचक्र, आँसू, पुकार, झंझा, प्रवेग, उद्वेलन,
करते रहते सभी रात भर दीर्ण-विदीर्ण तिमिर को,
और प्रात जब महा क्षुब्ध प्लावन पग फैलाता है,
जगती के प्रहरी-सेवित सब बन्ध टूट जाते हैं।
दुर्निवार यह वह्नि, मुग्ध इसकी लौ के इंगित से
उठते हैं तूफ़ान और संसार मरा करता है।

उर्वशी

रक्त बुद्धि से अधिक बली है और अधिक ज्ञानी भी,
क्योंकि बुद्धि सोचती और शोणित अनुभव करता है।
निरी बुद्धि की निर्मितियाँ निष्प्राण हुआ करती हैं;
चित्र और प्रतिमा, इनमें जो जीवन लहराता है,
वह सूझों से नहीं, पत्र-पाषाणों में आया है,
कलाकार के अन्तर के हिलकोरे हुए रुधिर से।

क्या विश्वास करे कोई कल्पना-मयी इस धी का?
अमित वार देती यह छलना भेज तीर्थ-पथिकों को
उस मन्दिर की ओर, कहीं जिसका अस्तित्व नहीं है।

पर, शोणित दौड़ता जिधर को, उस अभिप्रेत दिशा में,
निश्चय ही, कोई प्रसून यौवनोत्फुल्ल सौरभ से
विकल-व्यग्र मधुकर को रस-आमंत्रण भेज रहा है।
या वासक-सज्जा कोई फूलों के कुंज-भवन में
पथ जोहती हुई, संकेत-स्थल सूचित करने को
खड़ी समुत्सुक पद्मरागमणि-नूपुर बजा रही है।

या कोई रूपसी उन्मना बैठी जाग रही है
प्रणय-सेज पर, क्षितिज-पास, विद्रुम की अरुणाई में
सिर की ओर चन्द्रमय मंगल-निद्राकलश सजाकर।

श्रुतिपुट पर उत्तप्त श्वास का स्पर्श और अधरों पर,
रसना की गुदगुदी, अदीपित निश के अँधियाले में
रस-माती, भटकती उँगलियों का संचरण त्वचा पर;
इस निगूढ़ कूजन का आशय बुद्धि समझ सकती है?

उसे समझना रक्त, एक कम्पन जिसमें उठता है,
किसी दूब की फुनगी से औचक छू जाने पर भी।

बुद्धि बहुत करती बखान सागर-तट की सिकता का,
पर, तरंग-चुम्बित सैकत में कितनी कोमलता है,
इसे जानती केवल सिहरित त्वचा नग्न चरणों की।

तुम निरूपते हो विराग जिसकी भीषिका सुनाकर,
मेरे लिए सत्य की वाणी वही तप्त शोणित है।

पढ़ो रक्त की भाषा को, विश्वास करो इस लिपि का;
यह भाषा, यह लिपि मानस को कभी न भरमाएगी,

छली बुद्धि की भाँति, जिसे सुख-दुःख से भरे भुवन में
पाप दीखता वहाँ जहाँ सुन्दरता हुलस रही है,
और पुण्प-चय वहाँ जहाँ कंकाल, कुलिश, काँटे हैं।

पुरूरवा

द्वन्द्व शूलते जिसे, सत्य ही, वह जन अभी मनुज है,
देवी वह जिसके मन में कोई संघर्ष नहीं है।
तब भी, मनुज जन्म से है लोकोत्तर, दिव्य तुम्हीं-सा,
मटमैली, खर, चटुल धार निर्मल, प्रशान्त उद्गम की।

रक्त बुद्धि से अधिक बली है, अधिक समर्थ, तभी तो
निज उद्गम की ओर सहज हम लौट नहीं पाते हैं।
पहुँच नहीं पाते उस अव्यय, एक, पूर्ण सविता तक,
खोए हुए अचेत माधवी किरणों के कलरव में।

ये किरणें, ये फूल, किन्तु, अन्तिम सोपान नहीं हैं
उठना होगा बहुत दूर ऊपर इनके तारों पर,
स्यात्, ऊर्ध्व उस अम्बर तक जिसकी ऊँचाई पर से
यह मृत्तिका-विहार दिव्य किरणों का हीन लगेगा।

दाह मात्र ही नहीं, प्रेम होता है अमृत-शिखा भी,
नारी जब देखती पुरुष की इच्छा-भरे नयन को,
नहीं जगाती है केवल उद्वेलन, अनल रुधिर में,
मन में किसी कान्त कवि को भी जन्म दिया करती है।

नर समेट रखता बाँहों में स्थूल देह नारी की,
शोभा की आभा-तरंग से कवि क्रीड़ा करता है।

तन्मय हो सुनता मनुष्य जब स्वर कोकिल-कंठी का,
कवि हो रहता लीन रूप की उज्ज्वल झंकारों में।

नर चाहता सदेह खींच रख लेना जिसे हृदय में,
कवि नारी के उस स्वरूप का अतिक्रमण करता है।

कवि, प्रेमी एक ही तत्त्व हैं, तन की सुन्दरता से
दोनों मुग्ध, देह से दोनों बहुत दूर जाते हैं,
उस अनन्त में जो अमूर्त धागों से बाँध रहा है
सभी दृश्य सुषमाओं को अविगत, अदृश्य सत्ता से।

देह प्रेम की जन्मभूमि है, पर, उसके विचरण की,
सारी लीला-भूमि नहीं सीमित है रुधिर-त्वचा तक।
यह सीमा प्रसरित है मन के गहन, गुह्य लोकों में,
जहाँ रूप की लिपि अरूप की छवि आँका करती है,
और पुरुष प्रत्यक्ष विभासित नारी-मुखमंडल में
किसी दिव्य, अव्यक्त कमल को नमस्कार करता है।

जगता प्रेम प्रथम लोचन में, तब तरंग-निभ मन में,
प्रथम दीखती प्रिया एकदेही, फिर व्याप्त भुवन में।
पहले प्रेम स्पर्श होता है, तदन्तर चिन्तन भी,
प्रणय प्रथम मिट्टी कठोर है, तब वायव्य गगन भी।

मुझमें जिस रहस्य-चिन्तक को तुमने जगा दिया है,
उड़ा चाहता है वह भावुक निरभ्र अम्बर में,
घेर रहा जो तुम्हें चतुर्दिक् अपनी स्निग्ध विभा से,
समा रहीं जिसमें अलक्ष्य आभा-ऊर्मियाँ तुम्हारी।

वह अम्बर जिसके जीवन का पावस उतर चुका है,
चमक रही है धुली हुई जिसमें नीलिमा शरद् की।

वह निरभ्र आकाश, जहाँ, सत्य ही, चन्द्रमा-सी तुम
तैर रही हो अपने ही शीतल प्रकाश-प्लावन से,
किरण-रूप से मुझे समाहित किये हुए अपने में।

वह नभ, जहाँ गूढ़ छवि पर से अम्बर खिसक गया है,
परम कान्ति की आभा में सब विस्मित, चकित खड़े हैं,
अधर भूलकर तृषा और शोणित निज तीव्र क्षुधा को।

वह निरभ्र आकाश, जहाँ की निर्विकल्प सुषमा में,
न तो पुरुष मैं पुरुष, न तुम नारी केवल नारी हो;
दोनों हैं प्रतिमान किसी एक ही मूलसत्ता के,
देह-बुद्धि से परे, नहीं जो नर अथवा नारी है।

ऊपर जो द्युतिमान, मनोमय जीवन झलक रहा है,
उसे प्राप्त हम कर सकते हैं तन के अतिक्रमण से।
तन का अतिक्रमण, यानी इन दो सुरम्य नयनों के
वातायन से झाँक देखना उस अदृश्य जगती को
जहाँ मृत्ति की सीमा सूनेपन में बिला रही है।

तन का अतिक्रमण, यानी मांसल आवरण हटाकर
आँखों से देखना वस्तुओं के वास्तविक हृदय को,
और श्रवण करना कानों से आहट उन भावों की,
जो खुलकर बोलते नहीं, गोपन इंगित करते हैं।

जो कुछ भी हम जान सके हैं यहाँ देह या मन से,
वह स्थिर नहीं, सभी अटकल-अनुमान-सदृश लगता है।
अतः, किसी भी भाँति आप अपनी सीमा लंघित कर
अन्तरस्थ उस दूर देश में हम सब को जाना है,
जहाँ न उठते प्रश्न, न कोई शंका ही जगती है।

तुम अशेष सुन्दर हो, पर, हो कोर मात्र ही केवल,
उस विराट छवि की, जो, घन के नीचे अभी दबी है।
अतिक्रमण इसलिए कि इन जलदों का पटल हटाकर
देख सकूँ मधुकान्तिमान् सारा सौन्दर्य तुम्हारा।

मध्यान्तर में देह और आत्मा के जो खाई है,
अनुल्लंघ्य वह नहीं, प्रभा के पुल से संयोजित है।
अतिक्रमण इसलिए, पार कर इस सुवर्ण सेतुक को
उद्भासित हो सकें भूतरोत्तर जग की आभा से।

सुनें अशब्दित वे विचार, जिनमें सब ज्ञान भरा है,
और चुनें गोपन भेदों को, जो समाधि-कानन में
कामद्रुम से कुसुम-सदृश नीरव, अशब्द झरते हैं।

यह अतिक्रान्ति वियोग नहीं, आलिंगित नर-नारी का,
देह-धर्म से परे अन्तरात्मा तक उठ जाना है।

यह प्रदान उस आत्म-रूप का, जिसे विमुग्ध नयन से
प्रक्षेपित करता है प्रेमी पुरुष प्रिया के मन में।
मौन ग्रहण यह उन अपार शोभाशाली बिम्बों का,
जो नारी से निकल पुरुष के मन में समा रहे हैं।

यह अतिक्रान्ति वियोग नहीं, शोणित के तप्त ज्वलन का
परिवर्तन है स्निग्ध, शान्त दीपक की सौम्य शिखा में।
निन्दा नहीं, प्रशस्ति प्रेम की; छलना नहीं, समर्पण;
त्याग नहीं, संचय; उपत्यकाओं के कुसुम-द्रुमों को
ले जाना है यह समूल नगपति के तुंग शिखर पर
वहाँ जहाँ कैलास-प्रान्त में शिव प्रत्येक पुरुष है,
और शक्तिदायिनी शिवा प्रत्येक प्रणयिनी नारी।

पर, कैसा दुःसाध्य पंथ! कितना उड्यन कठिन है!
पहले तो मधु-सिक्त भ्रमर के पंख नहीं खुलते हैं;
और खुले भी तो उड़ान आधी ही रह जाती है;
नीचे उसे खींच लेता है आकर्षण मधुवन का।

देह प्रेम की जन्मभूमि है, इस शैशवस्थली की
ममता रखती रोक उसे अति दूर देश जाने से।

बाधक है यह प्रेम आप ही अपनी ऊर्ध्व प्रगति का।

उर्वशी

अतिक्रमण सुख की तरंग, तन के उद्वेलित मधु का?
तुम तो जगा रहे मुझ में फिर उसी शीत महिमा को
जिसे टाँगकर पारिजात-द्रुम की अकम्प टहनी में
मैं चपलोष्ण मानवी-सी भू पर जीने आई हूँ।

पर, मैं बाधक नहीं, जहाँ भी रहो, भूमि या नभ में,
वक्षस्थल पर, इसी भाँति, मेरा कपोल रहने दो।
कसे रहो, बस, इसी भाँति, उर-पीड़क आलिंगन में
और जलाते रहो अधर-पुट को कठोर चुम्बन से।

किन्तु आह! यों नहीं; तनिक तो शिथिल करो बाँहों को;
निष्पेषित मत करो, यदपि, इस मधु निष्पेषण में भी
मर्मान्तक है शान्ति और आनन्द एक दारुण है।

तुम पर्वत, मैं लता, तुम्हारी बलवत्तर बाँहों में
विह्वल, रस-आकुलित, क्षाम मैं मूर्च्छित हो जाऊँगी।

ना, यों नहीं; अरे, देखो तो उधर, बड़ा कौतुक है,
नगपति के उत्तुंग, समुज्ज्वल, हिम-भूषित शृंगों पर
कौन नई उज्ज्वलता की तूली-सी फेर रहा है?

कुछ वृक्षों के हरित मौलि पर, कुछ पत्तों से छनकर
छाँह देख नीचे मृगांक की किरणें लेट गई हैं
ओढ़े धूप-छाँह की जाली अपनी ही निर्मिति की।
लगता है, निष्कम्प, मौन सारे वन-वृक्ष खड़े हों
पीताम्बर-उष्णीष बाँधकर छायातप-कुट्टिम पर।

दमक रही कर्पूर-धूलि दिग्बधुओं के आनन पर;
रजनी के अंगों पर कोई चन्दन लेप रहा है।
यह अधित्यका दिन में तो कुछ इतनी बड़ी नहीं थी?
अब क्या हुआ कि यह अनन्त सागर-समान लगती है?
कम कर दी दूरता कौमुदी ने भू और गगन की?
उठी हुई-सी मही, व्योम कुछ झुका हुआ लगता है।

रसप्रसन्न मधुकान्ति चतुर्दिक् ऐसे उमड़ रही है,
मानो, निखिल सृष्टि के प्राणों में कम्पन भरने को
एक साथ ही सभी बाण मनसिज ने छोड़ दिये हों।

पुरूरवा

हाँ, समस्त आकाश दीखता भरा शान्त सुषमा से,
चमक रहा चन्द्रमा शुद्ध, शीतल, निष्पाप हृदय-सा,
विस्मृतियाँ निस्तल समाधि से बाहर निकल रही हैं;
लगता है, चन्द्रिका आज सपने में घूम रही है।

और गगन पर जो असंख्य आग्नेय जीव बैठे हैं,
लगते हैं धुँधले अरण्य में हीरों के कूपों-से।
चन्द्रभूति-निर्मित हिमकण ये चमक रहे शाद्वल में?
या नभ के रन्ध्रों में सित पारावत बैठ गए हैं?
कल्पद्रुम के कुसुम, या कि ये परियों की आँखें हैं?

उर्वशी

कल्पद्रुम के कुसुम नहीं ये, न तो नयन परियों के,
ये जो दीख रहे उजले-उजले-से नील गगन में,
दीप्तिमान्, सित, शुभ्र, श्मश्रुमय देवों के आनन हैं।
शमितवह्नि ये शीत-प्राण पीते सौन्दर्य नयन से,
घ्राण मात्र लेते, न कुसुम का अंग कभी छूते हैं।

पर, देखो तो, दिखा-दिखा दर्पण शशांक यह कैसे
सब के मन का भेद गुप्तचर-सा पढ़ता जाता है,
(भेद शैल-द्रुम का, निकुंज में छिपी निर्झरी का भी।)
और सभी कैसे प्रसन्न अभ्यन्तर खोल रहे हैं,
मानो, चन्द्र-रूप धर प्राणों का पाहुन आया हो।
ऐसी क्या मोहिनी चन्द्रमा के कर में होती है?

पुरूरवा

ऋक्षकल्प झिलमिल भावों का, चन्द्रलिंग स्वप्नों का
दिवस शत्रु, एकान्त यामिनी धात्री है, माता है।
आती जब शर्वरी, पोंछती नहीं विश्व के सिर से
केवल तपन-चिह्न, केवल लांछन सफेद किरणों के;
श्रमहारी, निर्मोघ, शान्तिमय अपने तिमिरांचल में
कोलाहल, कर्कश निनाद को भी समेट लेती है।

तिमिर शान्ति का व्यूह, तिमिर अन्तर्मन की आभा है,
दिन में अन्तरस्थ भावों के बीज बिखर जाते हैं;
पर, हम चुनकर उन्हें समंजस करते पुनः निशा में
जब आता है अन्धकार, धरणी अशब्द होती है।

जो सपने दिन के प्रकाश में धूमिल हो जाते हैं
या अदृश्य अपने सोदर, संकोचशील उडुओं-से,
वही रात आने पर कैसे हमें घेर लेते हैं
ज्योतिर्मय, जाज्वल्यमान् आलोक-शिखाएँ बनकर!

निशा योग-जागृति का क्षण है और उदग्र प्रणय की
ऐकायनिक समाधि; काल के इसी गरुत के नीचे
भूमा के रस-पथिक समय का अतिक्रमण करते हैं,
योगी बँधे अपार योग में, प्रणयी आलिंगन में।

समतामयी उदार शीतलांचल जब फैलाती है,
जाते भूल नृपति मुकुटों को, वन्दी निज कड़ियों को;
जग भर की चेतना एक होकर अशब्द बहती है
किसी अनिर्वचनीय, सुखद माया के महावरण में।

सम्राज्ञी विभ्राट, कभी जाते इसको देखा है
समारोह-प्रांगण में पहने हुए दुकूल तिमिर का
नक्षत्रों से खचित, कूल-कीलित झालरें विभा की,
गूँथे हुए चिकुर में सुरभित दाम श्वेत फूलों के?

और सुना है वह अस्फुट मर्मर कौशेय वसन का,
जो उठता मणिमय अलिन्द या नभ के प्राचीरों पर
मुक्ता-भर, लम्बित दुकूल के मन्द-मन्द घर्षण से,
राज्ञी जब गर्वित गति से ज्योतिर्विहार करती है?

निशा शान्ति का क्रोड़; किन्तु, यह सुरभित स्फटिक भवन में
तब भी, कोई गीत ज्योति से मिला हुआ चलता है।
यह क्या है? कौमुदी या कि तारे गुनगुन गाते हैं?
दृश्य श्रव्य बनकर अथवा श्रुतियों में समा रहा है?
बजती है रागिनी सुप्त सुन्दरता की साँसों की?
या अपूर्व कविता चिर-विस्मृत किसी पुरातन कवि की
गूँज रही निस्तब्ध निशा में निकल काल-गह्वर से?
यह अगाध सुषमा, अनन्तता की प्रशान्त धारा में,
लगता है, निश्चेत कहीं हम बहे चले जाते हैं।

उर्वशी

अतल, अनादि, अनन्त, पूर्ण, बृंहित, अपार अम्बर में
सीमा खींचे कहाँ? निमिष, पल, दिवस, मास, संवत्सर
महाकाश में टँगे काल के लक्तक-से लगते हैं।
प्रिय! उस पत्रक को समेट लो जिसमें समय सनातन
क्षण, मुहूर्त, संवत्, शताब्दि की बूँदों में अंकित है।
बहने दो निश्चेत शान्ति की इस अकूल धारा में,

देश-काल से परे, छूट कर अपने भी हाथों से।
किस समाधि का शिखर चेतना जिस पर ठहर गई है?
उड़ता हुआ विशिख अम्बर में स्थिर-समान लगता है।

पुरूरवा

रुको समय-सरिते! पल! अनुपल! काल-शकल! घटिकाओ!
इस प्रकार, आतुर उड़ान भर कहाँ तुम्हें जाना है?
कहीं समापन नहीं ऊर्ध्व-गामी जीवन की गति का,
काल-पयोनिधि का त्रिकाल में कोई कूल नहीं है।
कहीं कुंडली मार बैठ जाओ नक्षत्र-निलय में
मत ले जाओ खींच निशा को आज सूर्य-वेदी पर।

रुको, पान करने दो शीतलता शतपत्र कमल की;
एक सघन क्षण में समेटने दो विस्तार समय का,
एक पुष्प में भर त्रिकाल की सुरभि सूँघ लेने दो।

मिटा कौन? जो बीत गया, पीछे की ओर खड़ा है;
जनमा अब तक नहीं, अभी वह घन के अँधियाले में
बैठा है सामने छन्न, पर, सब कुछ देख रहा है।

जिस प्रकार, नगराज जानता व्यथा विन्ध्य के उर की,
और हिमालय की गाथा है विदित महासागर को,
वर्तमान, त्यों ही, अपने गृह में जो कुछ करता है,
भूत और भवितव्य, उभय उस रचना के साखी हैं।

सिन्धु, विन्ध्य, हिमवान् खड़े हैं दिगायाम में जैसे
एक साथ; त्यों काल-देवता के महान् प्रांगण में

भूत, भविष्यत्, वर्तमान, सब साथ-साथ ठहरे हैं
बातें करते हुए परस्पर गिरा—मुक्त भाषा में।

कहाँ देश, हम नहीं व्योम में जिसके गूँज रहे हैं?
कौन कल्प, हम नहीं तैरते हैं जिसके सागर में?
महाशून्य का उत्स हमारे मन का भी उद्गम है,
बहती है चेतना काल के आदि-मूल को छूकर।

उर्वशी

हम त्रिलोकवासी, त्रिकालचर, एकाकार समय से
भूत, भविष्यत्, वर्तमान, तीनों के एकार्णव में
तैर रहे सम्पृक्त सभी वीचियों, कणों, अणुओं से।
समा रहीं धड़कनें उरों की अप्रतिहत त्रिभुवन में,
काल-रन्ध्र भर रहा हमारी साँसों के सौरभ से।
अन्तर्नभ का यह प्रसार! यह परिधि-भंग प्राणों का!
सुख की इस अपार महिमा को कहाँ समेट धरें हम?

पुरूरवा

महाशून्य के अन्तर-गृह में, उस अद्वैत-भवन में
जहाँ पहुँच दिक्काल एक हैं, कोई भेद नहीं है।
इस निरभ्र नीलान्तरिक्ष की निर्झर मंजूषा में,
सर्ग-प्रलय के पुरावृत्त जिसमें समग्र संचित हैं।

दूरागत इस सतत-संचरण-मय समीर के कर में,
कथा आदि की जिसे अन्त की श्रुति तक ले जाना है

इस प्रदीप्त निश के अंचल में, जो आप्रलय निरन्तर,
इसी भाँति, सुनती जाएगी कूजन गूढ़ प्रणय का।

उस अदृश्य के पद पर, जिसकी दयासिक्त, मृदु स्मिति में,
हम दोनों घूमते और क्रीडा-विहार करते हैं।

जिसकी इच्छा का प्रसार भूतल, पाताल, गगन है,
दौड़ रहे नभ में अनन्त कन्दुक जिसकी लीला के
अगणित सविता-सोम, अपरिमित ग्रह, उडु-मंडल बनकर;
नारी बन जो स्वयं पुरुष को उद्वेलित करता है
और वेधता पुरुष-कान्ति बन हृदय-पुष्प नारी का।

निधि में जल, वन में हरीतिमा जिसका घनावरण है,
रक्त-मांस-विग्रह भंगुर ये उसी विभा के पट हैं।

प्रणय-शृंग की निश्चेतनता में अधीर बाँहों के
आलिंगन में देह नहीं श्लथ, यही विभा बँधती है।
और चूमते हम अचेत हो जब असंज्ञ अधरों को,
वह चुम्बन अदृश्य के चरणों पर भी चढ़ जाता है।

देह मृत्ति, दैहिक प्रकाश की किरणें मृत्ति नहीं हैं,
अधर नष्ट होते, मिटती झंकार नहीं चुम्बन की;
यह अरूप आभा-तरंग अर्पित उसके चरणों पर,
निराकार जो जाग रहा है सारे आकारों में।

उर्वशी

रोम-रोम में वृक्ष, तरंगित, फेनिल हरियाली पर
चढ़ी हुई आकाश-ओर मैं कहाँ उड़ी जाती हूँ?

पुरूरवा

देह डूबने चली अतल मन के अकूल सागर में,
किरणें फेंक अरूप रूप को ऊपर खींच रहा है।

उर्वशी

करते नहीं स्पर्श क्यों पगतल मृत्ति और प्रस्तर का?
सघन, उष्ण वह वायु कहाँ है? हम इस समय कहाँ हैं?

पुरूरवा

छूट गई धरती नीचे, आभा की झंकारों पर
चढ़े हुए हम देह छोड़ कर मन में पहुँच रहे हैं।

उर्वशी

फूलों-सा सम्पूर्ण भुवन सिर पर इस तरह, उठाये
यह पर्वत का शृंग मुदित हम को क्यों हेर रहा है?

पुरूरवा

अयुत युगों से ये प्रसून यों ही खिलते आए हैं,
नित्य जोहते पंथ हमारे इसी महान मिलन का।
जब भी तन की परिधि पार कर मन के उच्च निलय में,
नर-नारी मिलते समाधि-सुख के निश्चेत शिखर पर
तब प्रहर्ष की अति से यों ही प्रकृति काँप उठती है,
और फूल यों ही प्रसन्न होकर हँसने लगते हैं।

उर्वशी

जला जा रहा अर्थ सत्य का सपनों की ज्वाला में,
निराकार में आकारों की पृथ्वी डूब रही है।
यह कैसी माधुरी? कौन स्वर लय में गूँज रहा है
त्वचा-जाल पर, रक्त-शिराओं में, अकूल अन्तर में?
ये ऊर्मियाँ! अशब्द नाद! उफ़ री बेबसी गिरा की!
दोगे कोई शब्द? कहूँ क्या कहकर इस महिमा को?

पुरूरवा

शब्द नहीं हैं; यह गूँगे का स्वाद, अगोचर सुख है;
प्रणय-प्रज्वलित उर में जितनी झंकृतियाँ उठती हैं,
कहकर भी उनको कह पाते कहाँ सिद्ध प्रेमी भी?
भाषा रूपाश्रित, अरूप है यह तरंग प्राणों की।

उर्वशी

कौन पुरुष तुम?

पुरूरवा

जो अनेक कल्पों के अँधियाले में
तुम्हें खोजता फिरा तैरकर बारम्बार मरण को
जन्मों के अनेक कुंजों, वीथियों, प्रार्थनाओं में,
पर, तुम मिलीं एक दिन सहसा जिसे शुभ्र मेघों पर
एक पुष्प में अमित युगों के स्वप्नों की आभा-सी।

उर्वशी

और कौन मैं?

पुरूरवा

ठीक-ठीक यह नहीं बता सकता हूँ।
इतना ही है ज्ञात, तुम्हारे आते ही अन्तर का
द्वार स्वयं खुल गया और प्राणों का निभृत निकेतन,
अकस्मात्, भर गया स्वरित रंगों के कोलाहल से।
जब से तुम आईं, पृथ्वी कुछ अधिक मुदित लगती है;
शैल समझते हैं, उनके प्राणों में जो धारा है,
बहती है पहले से वह कुछ अधिक रसवती होकर।
जब से तुम आईं, धरती पर फूल अधिक खिलते हैं,
दौड़ रही कुछ नई दीप्ति-सी शीतल हरियाली में।
सब हैं सुखी, एक नक्षत्रों को ऐसा लगता है,
जैसे कोई वस्तु हाथ से उनके निकल गई हो।

उर्वशी

और मिले जब प्रथम-प्रथम तुम, विद्युत चमक उठी थी
इन्द्रधनुष बनकर भविष्य के नीले अँधियाले पर।
तुम मेरे प्राणेश, ज्ञान-गुरु, सखा, मित्र, सहचर हो;
जहाँ कहीं भी प्रणय सुप्त था शोणित के कण-कण में,
तुमने उसको छेड़ मुझे मूर्च्छा से जगा दिया है।

प्राणों में शीतल शुचिता सद्यःप्रस्फुटित कमल की;
लगता है, ऋजु प्रभा हृदय में पुनः लौट आई है।
भरी चुम्बनों की फुहार, कम्पित प्रमोद की अति से।
जा उठी हूँ मैं निद्रा से जगी हुई लतिका-सी।
प्रथम-प्रथम ही सुना नाद उद्‌गम पर बजते जल का,
प्रथम-प्रथम ही आदि उषा की द्युति में भींग रही हूँ।

तन की शिरा-शिरा में जो रागिनियाँ बन्द पड़ी थीं
कौन तुम्हारे बिना उन्हें उन्मोचित कर सकता था?
कौन तुम्हारे बिना दिलाता यह विश्वास हृदय को,
अन्तरिक्ष यह स्वयं भूमि है किसी अन्य जगती की,
सम्मुख जो झूमते वृक्ष, वे वृक्ष नहीं, बादल हैं?

यह ज्योतिर्मय रूप? प्रकृति ने किसी कनक-पर्वत से
काट पुरुष-प्रतिमा विराट् निज मन के आकारों की,
महाप्राण से भर उसको, फिर भू पर गिरा दिया है;
स्यात्, स्वर्ग की सुन्दरियों, परियों को ललचाने को,
स्यात्, दिखाने को, धरती जब महावीर जनती है,
असुरों से वह बली, सुरों से भी मनोज्ञ होता है।

उफ़ री यह माधुरी! और ये अधर विकच फूलों-से!
ये नवीन पाटल के दल आनन पर जब फिरते हैं,
रोम-कूप, जाने, भर जाते किन पीयूष-कणों से!
और सिमटते ही कठोर बाँहों के आलिंगन में,
चटुल एक-पर-एक उष्ण ऊर्मियाँ तुम्हारे तन की
मुझमें कर संक्रमण प्राण उन्मत्त बना देती हैं।
कुसुमायित पर्वत-समान तब लगी तुम्हारे तन से
मैं पुलकित-विह्वल, प्रसन्न-मूर्च्छित होने लगती हूँ।
कितना है आनन्द फेंक देने में स्वयं-स्वयं को
पर्वत की आसुरी शक्ति के आकुल आलोड़न में?

पुरूरवा

हाय, तृषा फिर वही तरंगों में गाहन करने की!
वही लोभ चेतना-सिन्धु के अपर पार जाने का

झम्प मार तन की प्रतप्त, उफनाती हुई लहर में?
ठहर सकेगा कभी नहीं क्या प्रणय-शून्य अम्बर पर?
विविध सुरों में छेड़ तुम्हारी तंत्री के तारों को,
बिठा-बिठाकर विविध भाँति रंगों में, रेखाओं में,
कभी उष्ण उर-कम्प, कभी मानस के शीत मुकुर में,
बहुत पढ़ा मैंने अनेक लोकों में तुम्हें जगाकर।
पर, इन सबसे खुलीं पूर्ण तुम? या जो देख रहा हूँ,
मायाविनि! वह बन्द मुकुल है, महासिन्धु का तट है?

कहाँ उच्च वह शिखर, काल का जिस पर अभी विलय था?
और कहाँ यह तृषा ग्राम्य नीचे आकर बहने की
पर्वत की आसुरी शक्ति के आकुल आलोड़न में?

भ्रान्त स्वयं या जान-बूझकर मुझ को भ्रमा रही हो?

उर्वशी

भ्रान्ति नहीं, अनुभूति; जिसे ईश्वर हम सब कहते हैं,
शत्रु प्रकृति का नहीं, न उसका प्रतियोगी, प्रतिबल है।
किसने कहा तुम्हें, परमेश्वर और प्रकृति, ये दोनों
साथ नहीं रहते; जिसको भी ईश्वर तक जाना है,
उसे तोड़ लेने होंगे सारे सम्बन्ध प्रकृति से;
और प्रकृति के रस में जिसका अन्तर रमा हुआ है,
उसे और जो मिले, किन्तु, परमेश्वर नहीं मिलेगा?

किसने कहा तुम्हें, जो नारी नर को जान चुकी है,
उसके लिए अलभ्य ज्ञान हो गया परम सत्ता का;
और पुरुष जो आलिंगन में बाँध चुका रमणी को,
देश-काल को भेद गगन में उठने योग्य नहीं है?

ईश्वरीय जग भिन्न नहीं है इस गोचर जगती से;
इसी अपावन में अदृश्य वह पावन सना हुआ है।

माया कह क्यों मृषा मेटते हो अस्तित्व प्रकृति का?
ये नदियाँ, ये फूल, वृक्ष ये और स्वयं हम-तुम भी
शून्य मंच पर सत्त्वशील, जीवित, साकार खड़े हैं।
और यहाँ जो कुछ करते हैं, उसकी गन्ध हवा में
उड़ते-उड़ते दूर जन्म-जन्मान्तर तक जाती है।

शिखरों में जो मौन, वही झरनों में गरज रहा है,
ऊपर जिसकी ज्योति, छिपा है वही गर्त के तम में।
तब किस भय से भाग रहे नीचे की तिमिरपुरी से?
शिखरों पर का कौन लोभ ऊपर को खींच रहा है?
अन्धा हो जाता मनुष्य रवि की भी प्रखर प्रभा से
और किसी को अँधियाले में भी सब कुछ दिखता है।

मुक्ति खोजते हो? पर, यह तो कहो कि किस बन्धन से?
ये प्रसून, यह पवन बन्ध है? या मैं बाँध रही हूँ?
अच्छा, खुल जाओ प्रसून से, पवन और मुझसे भी;
अब बोलो, मन पर जो बाक़ी कोई बन्ध नहीं है?
बन्ध नियम, संयम, निग्रह, शास्त्रों की आज्ञाओं का?

मोह मात्र ही नहीं, सभी ऐसे विचार बन्धन हैं
जो सिखलाते हैं मनुष्य को, प्रकृति और परमेश्वर
दो हैं; जो भी प्रकृत हुआ, वह दूर हुआ ईश्वर से;
ईश्वर का जो हुआ, उसे फिर प्रकृति नहीं पाएगी।

प्रकृति नहीं माया, माया है नाम भ्रमित उस धी का,
बीचोबीच सर्प-सी जिसकी जिह्वा फटी हुई है;
एक जीभ से जो कहती कुछ सुख अर्जित करने को,
और दूसरी से बाक़ी का वर्णन सिखलाती है।

मन की कृति यह द्वैत, प्रकृति में, सचमुच, द्वैत नहीं है।
जब तक प्रकृति विभक्त पड़ी है श्वेत-श्याम खंडों में,
विश्व तभी तक माया का मिथ्या प्रवाह लगता है।
किन्तु, शुभाशुभ भावों से मन के तटस्थ होते ही,
न तो दीखता भेद, न कोई शंका ही रहती है।

राग-विराग दुष्ट दोनों, दोनों निसर्ग-द्रोही हैं।
एक चेतना को अजुष्ट संकोचन सिखलाता है;
और दूसरा प्रिय, अभीष्ट सुख की अभिप्रेत दिशा में,
कहता है बल-सहित भावना को प्रसरित होने को।
दोनों विषम, शान्ति-समता के दोनों ही बाधक हैं;
दोनों से निश्चिन्त चेतना को अभंग बहने दो।
करने दो सब कृत्य उसे निर्लिप्त सभी से होकर,
लोभ, भीति, संघर्ष और यम, नियम, संयमों से भी।
हम इच्छुक अकलुष प्रमोद के, पर, वह प्रमुद निरामय
विधि-निषेध-मय संघर्षों, यत्नों से साध्य नहीं है।
आता है वह अनायास, जैसे फूटा करती हैं
डाली से टहनियाँ और पत्तियाँ स्वतः टहनी से,
या रहस्य-चिन्तक के मन में स्वयं कौंध जाती है
जैसे किरण अदृश्य लोक की, भेद अगम सत्ता का।

यह अकाम आनन्द भाग सन्तुष्ट-शान्त उस जन का,
जिसके सम्मुख फलासक्तिमय कोई ध्येय नहीं है,

जो अविरत तन्मय निसर्ग से, एकाकार प्रकृति से,
बहता रहता मुदित, पूर्ण, निष्काम कर्म-धारा में,
संघर्षों में निरत, विरत, पर, उनके परिणामों से;
सदा मानते हुए, यहाँ जो कुछ है, मात्र क्रिया है;

हम निसर्ग के स्वयं कर्म हैं, कर्म स्वभाव हमारा,
कर्म स्वयं आनन्द, कर्म ही फल समस्त कर्मों का।

जब हम कुछ भी नहीं खोजते निज से बाहर जाकर,
तब हम कमी नहीं, कर्म के रूप स्वयं होते हैं,
करते हुए व्यक्त आँसू अथवा उल्लास प्रकृति का।

यह अकाम आनन्द भाग उनका, जो नहीं सुखों को
आमंत्रण भेजते, न जगकर पथ जोहा करते हैं;
न तो बुद्धि जिनकी चिन्ताकुल यह सोचा करती है,
कैसे, क्या कुछ करें कि हो सुख पर अधिकार हमारा;
और न तो चेतना आकुलित इस भय से रहती है,
जाने, कौन दुःख आ जाए कब, किस वातायन से;
विधि-निषेध से मुक्त, न तो पीड़ित सचेष्ट वर्जन से,
न तो प्राण को बल-समेत, बरबस, उस ओर लगाये
जिस दिश से जीवन में सुख-धारा फूटा करती है।
जब इन्द्रियाँ और मन ऐसी सहज, शान्त मुद्रा में,
वातायन खोले, चिन्ता से रहित पड़े होते हैं,
तभी किरण निष्कलुष मोद की स्वयं उतर आती है
रवि की किरणों के समान, अम्बर से, खुले भवन में।

विधि-निषेध हैं जहाँ, वहाँ पर कर्म अकाम नहीं है;
विधि-निषेध कुछ नहीं, नियम हैं वे अर्जन-वर्जन के।

और जहाँ अर्जन-वर्जन का गणित चला करता है,
कह सकते हो, सजग प्रहरियों की उस बड़ी सभा में,
एक जीव भी है, जिसके कर्मों का ध्येय नहीं है?
फलासक्ति से मुक्त क्रिया में जो उस भाँति निरत है,
जैसे बहता है समीर सर्वथा मुक्त ध्येयों से,
अथवा जैसे निरुद्देश्य ये फूल खिला करते हैं?

हो कोई तो कहो, उसे फल का यदि लोभ नहीं है,
तो फिर चाबुक मार स्वयं को वह क्यों हाँक रहा है?
समर प्रकृति से रोप, इन्द्रियों पर तलवार उठाये
चुका रहा है किस सुख का वह मोल देह-दंडन से?
और कौन सुख है, जिसके लुट जाने की शंका से
सारी रात नींद से लड़ वह आकुल जाग रहा है?

और सुनोगे एक भेद? ये प्रहरी जिन घेरों पर
रात-रात भर धनु का गुण ताने घूमा करते हैं,
उन घेरों में रक्षणीय कोई भी सार नहीं है।
कुछ भूखी रिक्तता चेतना की, कुछ फेन हवा के,

कुछ थोड़ी यह तृषा कि ऐसी कोई युक्ति निकालें,
जिससे मृत्यु-करों में भी पड़ने पर नहीं मरें हम;
किन्तु, अधिक यह भाव, वैर है प्रकृति और ईश्वर में,
अतः, सिद्धि के लिए, प्रकृति से हमें दूर होना है।

मूढ़ मनुज! यह भी न जानता, तू ही स्वयं प्रकृति है?
फिर अपने से आप भागकर कहाँ त्राण पाएगा?
सब है शून्य, कहीं कोई निश्चित आकार नहीं है,
क्षण-क्षण सब कुछ बदल रहा है परिवर्तन के क्रम में।

धूमयोनि ही नहीं, ठोस यह पर्वत भी छाया है,
यह भी कभी शून्य अम्बर था, और अचेत अभी भी,
नये-नये आकारों में क्षण-क्षण यह समा रहा है;
स्यात्, कभी मिल ही जाए, क्या पता, अनन्त गगन में !

यह परिवर्तन ही विनाश है? तो फिर नश्वरता से
भिन्न मुक्ति कुछ नहीं। किन्तु, परिवर्तन नाश नहीं है।
परिवर्तन-प्रक्रिया प्रकृति की सहज प्राण-धारा है।

मुक्त वही, जो सहज भावना से इसमें बहते हैं,
विधि-निषेध से परे, छूटकर सभी कामनाओं से,
किसी ध्येय के लिए नहीं, केवल बहते रहने को;
क्योंकि और कुछ भी करना सम्भव या योग्य नहीं है।

जाने, क्यों तैराक चतुर तब भी प्रशान्त धारा में
चला-चलाकर हाथ-पाँव विक्षोभ व्यर्थ भरते हैं!
कौन सिद्धि है जो मिलती सन्तरण-दक्ष साधक को,
और नहीं मिलती अकाम जल में बहनेवाले को?

जिसे खोजता फिरता है तू, वह अरूप, अनिकेतन
किसी व्योम पर कहीं देह धर बैठा नहीं मिलेगा।
वह तो स्वयं रहा बह अपनी ही लीला-धारा में,
कर्दम कहीं, कहीं पंकज बन, कहीं स्वच्छ जल बनकर।

उसे देखना हो तो आँखों को पहले समझा दे,
श्वेत-श्याम एक ही रंग की युगपत् संज्ञाएँ हैं।
और उसे छूना हो तो कह दे अपने हाथों से,
भेद उठा दें शूल-फूल का, कमल और कर्दम का।

अर्थ खोजते हो जीवन का? लड़ी कार्य-कारण की
बहुत दूर तक बिछी हुई है पीछे अँधियाले में।
चलो जहाँ तक भी, अतीत-गह्वर में, चरण-चरण पर,
मात्र प्रतीक्षा-निरत प्रश्न मग में मिलते जाएँगे।

और, अन्त में, अनाख्येय जो आदि भित्ति आती है,
परे झाँकने को भी उसमें कहीं गवाक्ष नहीं है।

वर्तमान की कुछ मत पूछो, एक बूँद वह जल है,
अभी हाथ आया, तुरन्त फिर अभी बिखर जाएगा।
पढ़ा जाए क्या अर्थ काल के इस उड़ते अक्षर का?
और भविष्यत् के वन में ऐसा घनघोर तिमिर है,
नहीं सूझता पंथ बुद्धि के दीपों की आभा में।
हार मान प्रज्ञा अपना सिर थाम बैठ जाती है।

वृथा यत्न इस अतल शून्य का तलस्पर्श करने का।
वृथा यत्न पढ़ने का कोई भेद उत्स पर जाकर।
कहीं न कोई द्वार, न तो वातायन कहीं खुले हैं,
हम हैं जहाँ, वहाँ जाने की कोई राह नहीं है।

किन्तु, अर्थ को छोड़ जभी शब्दों की ओर मुड़ोगे,
अकस्मात्, यह शून्य ठोस रूपों से भर जाएगा।
देखोगे, सुनसान नहीं, यह तो पूरी बसती है
नक्षत्रों की, नील गगन की, शैलों, सरिताओं की,
लता-पत्र की, हरियाली की, ऊषा की लाली की।
सभी पूर्ण, सब सुखासीन, सब-के-सब लीन क्रिया में,
पूछे किससे, कौन, कहाँ से सृष्टि निकल आई है?

अच्छा है, ये पेड़, पुष्प इसके जिज्ञासु नहीं हैं,
हम हैं कौन, कहाँ से आए, और कहाँ जाएँगे?

सच में, यह प्रत्यक्ष जगत् कुछ उतना कठिन नहीं है,
जितना हो जाता दुरूह मन के भीतर जाने पर।
वैचारिक जितना विषण्ण रहता दुरूहताओं से,
उतना खिन्न नहीं रहता है सहज मनुष्य प्रकृति का।

द्वन्द्व रंच भर नहीं कहीं भी प्रकृति और ईश्वर में,
द्वन्द्वों का आभास द्वैतमय मानस की रचना है।
यह आभास नहीं टिकता, जब मनुज जान लेता है
अप्रयास अनुभवन प्रकृति का, सहज रीति जीवन की;
क्योंकि प्रकृति औ' पुरुष एक हैं, कोई भेद नहीं है।

जो भी है अवसर निसर्ग के, ईश्वर के भी क्षण हैं;
धर्म-साधना कहीं प्रकृति से भिन्न नहीं चलती है।
दृश्य, अदृश्य एक हैं दोनों, प्रकृति और ईश्वर में
भेद गुणों का नहीं, भेद है मात्र दृष्टि का, मन का।

और यहाँ यह काम-धर्म ही उज्ज्वल उदाहरण है।

काम धर्म, काम ही पाप है, काम किसी मानव को
उच्च लोक से गिरा हीन पशु-जन्तु बना देता है।
और किसी मन में असीम सुषमा की तृषा जगाकर
पहुँचा देता उसे किरण-सेवित अति उच्च शिखर पर।

यह विरोध क्या है? कैसे दो फल एक ही क्रिया के
एक अपर से, इस प्रकार, प्रतिकूल हुआ करते हैं?

सोचा है, यह प्रेम कहीं क्यों दानव बन जाता है,
और कहीं क्यों जाकर मिल जाता रहस्य-चिन्तन से?

काम नहीं, इस वैपरीत्य का भी मन ही कारण है।
मन जब हो आसक्त काम से लभ्य अनेक सुखों पर,
चिन्तन में भी उन्हीं सुखों की स्मृति ढोए फिरता है,
विकल, व्यग्र, फिर-फिर, रस-मधु में अवगाहन करने को
स्नेहाकृष्ट नहीं, तो यत्नों से, छल से, बल से भी,
तभी काम से बलात्कार के पाप जन्म लेते हैं,
तभी काम दुर्द्धर्ष, दानवी किल्विष बन जाता है।
काम-कृत्य वे सभी दुष्ट हैं, जिनके सम्पादन में
मन-आत्माएँ नहीं, मात्र दो वपुस् मिला करते हैं;
या तन जहाँ विरुद्ध प्रकृति के विवश किया जाता है
सुख पाने को, क्षुधा नहीं, केवल मन की लिप्सा से;
जहाँ नहीं मिलते नर-नारी उस सहजाकर्षण से
जैसे दो वीचियाँ अनामंत्रित आ मिल जाती हैं,
पर, सुवर्ण की लोलुपता में छिपे-छिपे तस्कर-से
एक-दूसरे का आकुल सन्धान किया करते हैं।

तन का क्या अपराध? यंत्र वह तो सुकुमार प्रकृति का;
सीमित उसकी शक्ति और सीमित आवश्यकता है।
यह तो मन ही है, निवास जिसमें समस्त विपदों का;
वही व्यग्र, व्याकुल असीम अपनी काल्पनिक क्षुधा से
हाँक-हाँक तन को उस जल को मलिन बना देता है,
बिम्बित होती किरण अगोचर की जिस स्वच्छ सलिल में,
जिस पवित्र जल में समाधि के सहस्रार खिलते हैं।

तन का काम अमृत, लेकिन, यह मन का काम गरल है।

फलासक्ति दूषित कर देती ज्यों समस्त कर्मों को,
उसी भाँति, वह काम-कृत्य भी दूषित और मलिन है,
स्वतःस्फूर्त जो नहीं, ध्येय जिसका मानसिक क्षुधा का
सप्रयास है शमन; जहाँ पर सुख खोजा जाता है
तन की प्रकृति नहीं, मन की माया से प्रेरित होकर
जहाँ जागकर स्वयं नहीं बहती चेतना उरों की,
मन की लिप्सा के अधीन उसको जगना पड़ता है;

या जब रसावेश की स्थिति में, किसी भाँति, जाने को
मन शरीर के यंत्रों को, बरबस, चालित करता है।

किन्तु, कभी क्या रसावेश में कोई जा सकता है,
बिना सहज एकाग्र वृत्ति के मात्र हाँककर तन को?
मांस-पेशियाँ नहीं जानतीं आनन्दों के रस को,
उसे जानती स्नायु, भोगता उसे हमारा मन है;

इसीलिए, निष्काम काम-सुख वह स्वर्गीय पुलक है,
सपने में भी नहीं स्वल्प जिस पर अधिकार किसी का।
नहीं साध्य वह तन के आस्फालन या संकोचन से;
वह तो आता अनायास, जैसे बूँदें स्वाती की
आ गिरती हैं, अकस्मात्, सीपी के खुले हृदय में।

लिया-दिया वह नहीं, मात्र वह ग्रहण किया जाता है।

और पुत्र-कामना कहो तो, यद्यपि, वह सुखकर है,
पर, निष्काम काम का, सचमुच वह भी ध्येय नहीं है।

निरुद्देश्य, निष्काम काम-सुख की अचेत धारा में,
सन्तानें अज्ञात लोक से आकर खिल जाती हैं
वारि-वल्लरी में फूलों-सी, निराकार के गृह से
स्वयं निकल पड़नेवाली जीवन की प्रतिमाओं-सी।

प्रकृति नित्य आनन्दमयी है, जब भी भूल स्वयं को
हम निसर्ग के किसी रूप (नारी, नर या फूलों) से
एकतान होकर खो जाते हैं समाधि निस्तल में,
खुल जाता है कमल, धार मधु की बहने लगती है,
दैहिक जग को छोड़ कहीं हम और पहुँच जाते हैं,
मानो, मायावरण एक क्षण मन से उतर गया हो!

क्या प्रतीक यह नहीं, काम-सुख गर्हित, ग्राम्य नहीं है?
वह भी ले जाता मनुष्य को ऊपर मुक्ति-दिशा में
मन के माया-मोह-बन्ध को छुड़ा सहज पद्धति से।
पर, खोजें क्यों मुक्ति? प्रकृति के हम प्रसन्न अवयव हैं;
जब तक शेष प्रकृति, तब तक हम भी बहते जाएँगे
लीलामय की सहज, शान्त, आनन्दमयी धारा में।

पुरूरवा

कुसुम और कामिनी, बहुत सुन्दर दोनों होते हैं,
पर, तब भी नारियाँ श्रेष्ठ हैं कहीं कान्त कुसुमों से,
क्योंकि पुष्प हैं मूक और रूपसी बोल सकती है।
सुमन मूक सौन्दर्य और नारियाँ सवाक् सुमन हैं।

किन्तु, कहीं यदि शब्द फूटने लगें सुमुख पुष्पों से,
और लगें करने प्रसून ये गहन-गूढ़ चिन्तन भी,

सब की वही दशा होगी, जो मेरी अभी हुई है।

यह प्रपात रसमयी बुद्धि का! यह हिलोर चिन्तन की!
तुम्हें ज्ञात है, मैं बहते-बहते इसकी धारा में
किन लोकों, किन गुह्य नभों में अभी घूम आया हूँ?

आदि-अन्त कुछ नहीं सूझता, सचमुच ही, जीवन का;
ग्रन्थि-जाल का किसी काल-गह्वर में छोर नहीं है।

विधि-निषेध, सत्य ही स्यात्, जल पर की रेखाएँ हैं,
कोई लेख नहीं उगता भीतर के अगम सलिल पर।
और ज्वार जो भी उठता ऊपर अवचेत-अतल से,
विधि-निषेध का उस पर कोई ज़ोर नहीं चलता है।

स्यात्, योग सायास उपेक्षा भर है इस स्वीकृति की,
हम निसर्ग के बन्द कपाटों को न खोल सकते हैं;
स्यात्, साधनाएँ प्रयास हैं थकी हुई प्रज्ञा को
अन्वेषण में, किसी भाँति भी, निरत किये रहने का।

सत्य, स्यात्, केवल आत्मार्पण, केवल शरणागति है
उसके पद पर, जिसे प्रकृति तुम, मैं ईश्वर कहता हूँ।
एक कर्म, अनुगमन मूक अविगत के संकेतों का,
एक धर्म, अनुभवन निरन्तर उस सुषमा, उस छवि का
जो विकीर्ण सर्वत्र, केन्द्र बन तुम में झलक रही है।

आह, रूप यह! उड़ूँ जहाँ भी, चारों ओर भुवन में
यही रूप हँसता, प्रसन्न इंगित करता मिलता है

सूर्य-चन्द्र में, नक्षत्रों-फूलों में, तृणों-द्रुमों में।
और यही मुख बार-बार उग पुनः डूब जाता है
मन के अमित अगाध सिन्धु में ज्वालामयी लहर-सा।
लगता है, मानो, निकलीं तुम बाहर नहीं जलधि से,
जन्मभूमि की शीतलता में अब भी खेल रही हो।

देखा तुम्हें बहुत, पर, अब भी तो यह ज्ञात नहीं है,
प्रथम-प्रथम तुम खिलीं चीर टहनी किस कल्पलता की?
लिया कहाँ आकार निकलकर निराकार के गृह से?
उषा-सदृश प्रकटी थीं किन जलदों का पटल हटाकर?

कहते हैं, मैं स्वयं विश्व में आया बिना पिता के;
तो क्या तुम भी, उसी भाँति, सचमुच, उत्पन्न हुई थीं
माता बिना, मात्र नारायण ऋषि की कामेच्छा से,
तपःपूत नर के समस्त संचित तप की आभा-सी?

या समुद्र जब अन्तरग्नि से आकुल, तप्त, विकल था,
तुम प्रसून-सी स्वयं फूट निकलीं उस व्याकुलता से,
ज्यों अम्बुधि की अन्तरग्नि से अन्य रत्न बनते हैं?
और सुरासुर के अभंग, युग-व्यापी आह्वानों से
दया-द्रवित हो, एक प्रात, निकलीं अप्रतिम शिखा-सी
अतल, वितल, पाताल, तलातल से ऊपर भूतल में,
जैसे उषा निकल सागर-तल से ऊपर आती है?
डूब गया होगा सारा आकाश कुतुक-विस्मय में,
चकित खड़े होंगे सब जब यह प्रतिमा अरुण प्रभा की
आकर ठहर गई होगी कम्पित, सुनील लहरों पर,
धूम-तरंगों पर चढ़कर नाचती हुई ज्वाला-सी।

कैसा दीप रहा होगा पावकमय रूप तुम्हारा
नील तरंगों में, झलमल फेनों के शुभ्र वसन में!
और चतुर्दिक् तुम्हें घेर उद्ग्रीव भुजंगिनियों-सी
देख रही होंगी काली लहरें किस उत्सुकता से?

रुदन किया होगा कितना अम्बुधि ने तुम्हें गँवाकर!
मणि-मुक्ता-विद्रुम-प्रवाल से विरचे हुए भवन की
आभा उतर गई होगी, तुम से वियुक्त होते ही
शून्य हो गया होगा सारा हृदय महासागर का।
और प्राप्त कर रक्त-मांस-मय इस अप्रतिम कुसुम को
कितना हर्ष-निनाद हुआ होगा देवों के जग में!

तुम अनन्त सौन्दर्य, एक तन में बस जाने पर भी,
निखिल सृष्टि में फैल चतुर्दिक् कैसे व्याप रही हो?
तुम अनन्त कल्पना, अंक चाहे जिसे भाँति भरूँ मैं,
एक किरण तब भी बाँहों से बाहर रह जाती है।

ये लोचन, जो किसी अन्य जग के नभ के दर्पण हैं;
ये कपोल, जिनकी द्युति में तैरती किरण ऊषा की;
ये किसलय-से अधर, नाचता जिन पर स्वयं मदन है,
रोती है कामना जहाँ पीड़ा पुकार करती है;
ये श्रुतियाँ जिनमें उडुओं के अश्रु-विन्दु झरते हैं;
ये बाँहें, विधु के प्रकाश की दो नवीन किरणों-सी;
और वक्ष के कुसुम-कुंज, सुरभित विश्राम-भवन ये,
जहाँ मृत्यु के पथिक ठहर कर श्रान्ति दूर करते हैं।

यह मुसकान, विभा जैसे दूरागत किसी किरण की;
ध्यान जगा देती मन में यह किसी असीम जगत् का
जिसे चाहता तो हूँ, पर, मैंने न कभी देखा है।

यह रहस्यमय रूप कहीं त्रिभुवन में और नहीं है,
सुर-किन्नर-गन्धर्व-लोक में अथवा मर्त्य-भुवन में।
तुम कैसे, तब कहो, भला, उस भाँति जनम सकती हो
जैसे जग में अन्य, अपर सौन्दर्य जन्म लेते हैं?

कहो, सत्य ही, तुम समुद्र के भीतर से निकली थीं?
या कि शून्य से प्रकट हो गईं सहसा चीर गगन को?
अथवा जब अरूप सुषमा को रूपायित करने को
ऋषि सौन्दर्य-समाधि बाँध, तन्मय छवि के चिन्तन में,
बैठे थे निश्चेत, तभी नारी बन निकल पड़ीं तुम
नारायण की महाकल्पना से, एकायन मन से?

उर्वशी

मैं मानवी नहीं, देवी हूँ; देवों के आनन पर
सदा एक झिलमिल रहस्य-आवरण पड़ा होता है।
उसे हटाओ मत, प्रकाश के पूरा खुल जाने से,
जीवन में जो भी कवित्व है, शेष नहीं रहता है।

स्पष्ट शब्द मत चुनो, चुनो उनको जो धुँधियाले हैं;
ये धुँधले ही शब्द ऋचाओं में प्रवेश पाने पर
एक साथ जोड़ते अनिश्चित को निश्चित आशय से।

और जहाँ भी मिलन देखते हो प्रकाश-छाया का,
वही निरापद बिन्दु मनुज-मन का आश्रय शीतल है।

सघन कुंज, गोधूलि, चाँदनी, ये यदि नहीं रहें तो
दिन की खुली धूप में कब तक जीवन चल सकता है?

द्वाभा का वरदान, सभी कुछ अर्धस्फुट, झिलमिल है,
स्वप्न स्वप्न से, हृदय हृदय से मिलकर सुख पाते हैं।
यदि प्रकाश हो जाए और जो कुछ भी छिपा जहाँ है,
सब-के-सब हो जाएँ सामने खड़े नग्न रूपों में,
कौन सहेगा वह भीषण आघात भेद विघटन का?
इसीलिए, कहती हूँ, अब तक जितना जान सके हो,
उतना ही है अलम्; और आगे इससे जाने पर,
स्यात्, कुतूहल-शमन छोड़ कुछ हाथ नहीं आएगा।
और करूँगी क्या कहकर मैं शमित कुतूहल को भी?

मैं अदेह कल्पना, मुझे तुम देह मान बैठे हो;
मैं अदृश्य, तुम दृश्य देखकर मुझ को समझ रहे हो
सागर की आत्मजा, मानसिक तनया नारायण की।

कब था ऐसा समय कि जब मेरा अस्तित्व नहीं था?
कब आएगा वह भविष्य जिस दिन मैं नहीं रहूँगी?
कौन पुरुष, जिसकी समाधि में मेरी झलक नहीं हैं?
कौन त्रिया, मैं नहीं राजती हूँ जिसके यौवन में?
कौन लोक, कौंधती नहीं मेरी ह्लादिनी जहाँ पर?
कौन मेघ, जिसको न सेज मैं अपनी बना चुकी हूँ?
कहूँ कौन-सी बात और रहने दूँ कथा कहाँ की?
मेरा तो इतिहास प्रकृति की पूरी प्राण-कथा है,
उसी भाँति निस्सीम, असीमित जैसे स्वयं प्रकृति है।

पुरूरवा

सत्य मानकर भी कब समझा भिन्न तुम्हें सपने से?
नारी कहकर भी कब मैंने कहा, मानुषी हो तुम?

अशरीरी कल्पना, देह धरने पर भी, आँखों से
रही झाँकती सदा, सदा मुझको यह भान हुआ है,
बाँहों में जिसको समेटकर उर से लगा रहा हूँ,
रक्त-मांस की मूर्ति नहीं, वह सपना है, छाया है।

छिपा नहीं देवत्व, रंच भर भी, इस मर्त्य-वसन में,
देह ग्रहण करने पर भी तुम रहीं अदेह विभा-सी।
द्वाभा कहाँ? जहाँ भी ये युग चरण मंजु पड़ते हैं,
तुम्हें घेरकर खुली मुक्त आभा-सी छा जाती है;
और देखता हूँ मैं, जो अन्यत्र नहीं दिखता है।

तब भी, हो गोधूलि कहीं, तो उसका पटल हटाकर
आज चाहता हूँ समग्र दर्शन मैं उस सपने का,
शेष आयु के लिए जिसे निज दीपक बना चुका हूँ।
कौन सत्य ऐसा कराल है, जिसके अनावरण से
अग्नि प्रकट होगी, मेरे ये लोचन जल जाएँगे,
याकि अशनि-आघात घोर, मैं जिसको सह न सकूँगा?

कहो मुक्त सब कुछ, समक्ष यह प्रतिमा अगर खड़ी है,
मुझे भीति कुछ नहीं, प्रलय के भी वज्राघातों को
सह लूँगा अनिमेष देखते हुए तुम्हारे मुख को।

उर्वशी

पर, क्या बोलूँ? क्या कहूँ?
भ्रान्ति, यह देह-भाव।

मैं मनोदेश की वायु व्यग्र, व्याकुल, चंचल;
अवचेत प्राण की प्रभा, चेतना के जल में
मैं रूप-रंग-रस-गन्ध-पूर्ण साकार कमल।

मैं नहीं सिन्धु की सुता;
तलातल-अतल-वितल-पाताल छोड़,
नीले समुद्र को फोड़ शुभ्र, झलमल फेनांशुक में प्रदीप्त
नाचती ऊर्मियों के सिर पर
मैं नहीं महातल से निकली।
मैं नहीं गगन की लता
तारकों में पुलकित फूलती हुई,
मैं नहीं व्योमपुर की बाला,
विधु की तनया, चन्द्रिका-संग,
पूर्णिमा-सिन्धु की परमोज्ज्वल आभा-तरंग,
मैं नहीं किरण के तारों पर झूलती हुई भू पर उतरी।

मैं नाम-गोत्र से रहित पुष्प,
अम्बर में उड़ती हुई मुक्त आनन्द-शिखा
इतिवृत्तहीन,
सौन्दर्य-चेतना की तरंग;
सुर-नर-किन्नर-गन्धर्व नहीं,
प्रिय! मैं केवल अप्सरा
विश्वनर के अतृप्त इच्छा-सागर से समुद्भूत।

कामना-तरंगों से अधीर
जब विश्वपुरुष का हृदय-सिन्धु
आलोड़ित, क्षुभित, मथित होकर,
अपनी समस्त वड़वाग्नि
कण्ठ में भरकर मुझे बुलाता है,
तब मैं अपूर्वयौवना
पुरुष के निभृत प्राणतल से उठकर
प्रसरित करती निर्वसन, शुभ्र, हेमाभ कान्ति
कल्पना-लोक से उतर भूमि पर आती हूँ,
विजयिनी विश्वनर को अपने उत्तुंग वक्ष
पर सुला अमित कल्पों के अश्रु सुखाती हूँ।

जन-जन के मन की मधुर वह्नि, प्रत्येक हृदय की उजियाली,
नारी की मैं कल्पना चरम नर के मन में बसनेवाली।
विषधर के फण पर अमृतवर्त्ति;
उद्धत, अदम्य, बर्बर बल पर
रूपांकुश, क्षीण मृणाल-तार।
मेरे सम्मुख नत हो रहते गजराज मत्त;
केसरी, शरभ, शार्दूल भूल निज हिंस्र भाव
गृह-मृग-समान निर्विष, अहिंस्र बनकर जीते।
मेरी भ्रू-स्मिति को देख चकित, विस्मित, विभोर
शूरमा निमिष खोले अवाक् रह जाते हैं;
श्लथ हो जाता स्वयमेव शिंजिनी का कसाव,
संत्रस्त करों से धनुष-बाण गिर जाते हैं।

कामना-वह्नि की शिखा मुक्त मैं अनवरुद्ध,
मैं अप्रतिहत, मैं दुर्निवार;

मैं सदा घूमती फिरती हूँ
पवनान्दोलित वारिद-तरंग पर समासीन
नीहार-आवरण में अम्बर के आर-पार;
उड़ते मेघों को दौड़ बाहुओं में भरती,
स्वप्नों की प्रतिमाओं का आलिंगन करती।

विस्तीर्ण सिन्धु के बीच शून्य, एकान्त द्वीप,
यह मेरा उर।

देवालय में देवता नहीं, केवल मैं हूँ।
मेरी प्रतिमा को घेर उठ रही अगुरु-गन्ध,
बज रहा अर्चना में मेरी मेरा नूपुर।

मैं कला-चेतना का मधुमय, प्रच्छन्न स्रोत,
रेखाओं में अंकित कर अंगों के उभार,
भंगिमा, तरंगित वर्तलुता, वीचियाँ, लहर,
तन की प्रकान्ति रंगों में लिये उतरती हूँ।

पाषाणों के अनगढ़ अंगों को काट-छाँट
मैं ही निविडस्तननता, मुष्टिमध्यमा,
मदिरलोचना, कामलुलिता नारी
प्रस्तरावरण कर भंग,
तोड़ तम को उन्मत्त उभरती हूँ।

भू-नभ का सब संगीत नाद मेरे निस्सीम प्रणय का है,
सारी कविता जयगान एक मेरी त्रयलोक-विजय का है।
प्रिय मुझे प्रखर कामना-कलित, सन्तप्त, व्यग्र, चंचल चुम्बन,
प्रिय मुझे रसोदधि में निमग्न उच्छल, हिल्लोल-निरत जीवन।

तारों की झिलमिल छाया में फूलों की नाव बहाती हूँ,
मैं नैश प्रभा, सब के भीतर निश की कल्पना जगाती हूँ।

मादन सुगन्ध पवमान-दलित सन्ध्या-तन से उठनेवाली,
नभ से आलिंगित कुमुद्वती चन्द्रिका-यामिनी मतवाली,

कबरी के फूलों का सुवास, आकुंचित अधरों का कम्पन,
परिरम्भ-वेदना से विभोर, कंटकित अंग, मधुमत्त नयन;

दो प्राणों से उठनेवाली वे झंकृतियाँ गोपन, मधुमय,
जो अगुरु-धूम-सी हो जाती ऊपर उठ एक अपर में लय।

दो दीपों की सम्मिलित ज्योति, वह एक शिखा जब जगती है,
मन के अगाध रत्नाकर में यह देह डूबने लगती है।

दो हृदयों का वह मूक मिलन, तन शिथिल, स्रस्त अतिशय सुख से,
अलसित आँखें देखतीं, न कोई शब्द निकलता है मुख से।

कितनी पावन वह रस-समाधि! जब सेज स्वर्ग बन जाती है,
गोचर शरीर में विभा अगोचर सुख की झलक दिखाती है।

देवता एक है शयित कहीं इस मदिर शान्ति की छाया में,
आरोहण के सोपान लगे हैं त्वचा, रुधिर में, काया में।

परिरम्भ-पाश में बँधे हुए उस अम्बर तक उठ जाओ रे!
देवता प्रेम का सोया है, चुम्बन से उसे जगाओ रे!

चिन्तन की लहरों के समान सौन्दर्य-लहर में भी है बल,
सातों अम्बर तक उड़ता है रूपसी नारि का स्वर्णांचल।
जिस मधुर भूमिका में जन को दर्शन-तरंग पहुँचाती है,
उस दिव्य लोक तक हमें प्रेम की नाव सहज ले जाती है।

ओ शून्य पवन में मुझे देख चुम्बन अर्पित करनेवालो!
सम्पूर्ण निशा मेरी छवि का उन्निद्र ध्यान धरनेवालो!
मैं देश-काल से परे चिरन्तन नारी हूँ।
मैं आत्मतंत्र यौवन की नित्य नवीन प्रभा,
रूपसी अमर मैं चिर-युवती सुकुमारी हूँ।
तुम त्रिभुवन में अथवा त्रिकाल में जहाँ कहीं भी हो,
अन्तर में धैर्य धरो।
सरिता, समुद्र, गिरि, वन मेरे व्यवधान नहीं।

मैं भूत, भविष्यत् वर्तमान की कृत्रिम बाधा से विमुक्त;
मैं विश्वप्रिया।

तुम पंथ जोहते रहो,
अचानक किसी रात मैं आऊँगी।
अधरों में अपने अधरों की मदिरा उँड़ेल,
मैं तुम्हें वक्ष से लगा
युगों की संचित तपन मिटाऊँगी।

पुरूरवा

आवेशित उद्गार! यही मर्मों का उद्घाटन है?
हुआ स्रस्त कितना रहस्यमय अवगुंठन माया का?
पर, रहस्य हट जाने पर भी रहीं रहस्यमयी तुम;
मायावरण दूर कर देने पर भी तुम माया हो।

अब भी तो तुम दीप रहीं निष्कलुष आदि ऊषा-सी,
शुभ्र वह्नि-सी जो अरणी से अभी-अभी फूटी हो;
युग-युग की प्रेयसी हेम-सी जिसकी शुभ्र त्वचा पर
कहीं काल के स्पर्श याकि उँगली का दाग़ नहीं है।

एक स्पर्श कोमल गीतों से भरी हुई उँगली का,
तंत्री से नव निनद, नई झंकार उमड़ पड़ती है;
धरती हो ये अरुण पुष्प-से पद जिस किसी दिशा में,
जग उठते हैं नये पुंस कम्पित नव ईहाओं से।

तुम त्रिकाल-सुन्दरी, अमर आभा अखंड त्रिभुवन की,
सभी युगों से, सभी दिशाओं से चलकर आई हो;
इसीलिए, तुम विविध जन्म-कुंजों में पुलक जगाकर
सभी दिशाओं, सभी युगों को पुनः लौट जाओगी।

एक पुष्प में सभी पुष्प, सब किरणें एक किरण में,
तुम संहित, एकत्र एक नारी में सब नारी हो।
प्रति युग की परिचिता, रसाकर्षण प्रति मन्वन्तर का,
विश्व-प्रिया, सत्य ही, महारानी सब के सपनों की।

पर, दिगन्त-व्यापिनी चन्द्रिका मुक्त विहरनेवाली
व्योम छोड़कर सिमट गई जो मेरे भुज पाशों में;

रस की कादम्बिनी, विचरती हुई अनन्त गगन में,
अकस्मात् आकर प्रसन्न जो मुझ पर बरस गई है,
सो केवल संयोग मात्र है? या इस गूढ़ मिलन के
पीछे जन्म-जन्म की कोई लीला छिपी हुई है?

जहाँ-जहाँ तुम खिलीं, स्यात्, मैं ही मलयानिल बनकर
तुम्हें घेरता आया हूँ अपनी आकुल बाँहों से।
जिसके भी सामने किया तुमने कुंचित अधरों को,
लगता है, मैं ही सदैव वह चुम्बन-रसिक पुरुष था।

मेरी ही थी तपन जिसे फूलों के कुंज-भवन में
जन्म-जन्म में तुम आलिंगन से हरती आई हो।
कल्प-कल्प में सुला प्रणय-उद्वेलित वक्षोजों पर
अश्रु पोंछती आई हो मेरे ही आर्त्त दृगों का।

जहाँ-जहाँ तुम रहीं, निष्पलक नयनों की आभा से
रहा सींचता मैं, आगे तुम जहाँ-जहाँ जाओगी,
साथ चलूँगा मैं सुगन्ध से खिंचे हुए मधुकर-सा
या कि राहु जैसे विधु के पीछे-पीछे चलता है।

उर्वशी

चन्द्रमा चला, रजनी बीती, हो गया प्रात;
पर्वत के नीचे से प्रकाश के आसन पर
आ रहा सूर्य फेंकते बाण अपने लोहित,
बिंध गया ज्योति से, वह देखो, अरुणाभ शिखर।

हिम-स्नात, सिक्त वल्लरी—पुजारिन को देखो,
पति को फूलों का नया हार पहनाती है,

कुंजों में जनमा है कल कोई वृक्ष कहीं,
वन की प्रसन्न विहगावलि सोहर गाती है।

कट गया वर्ष ऐसे जैसे दो निमिष गए,
प्रिय! छोड़ गन्धमादन को अब जाना होगा,
इस भूमि-स्वर्ग के हरे-भरे, शीतल वन में
जाने, कब राजपुरी से फिर आना होगा!

कितना अपार सुख था, बैठे चट्टानों पर
हम साथ-साथ झरनों में पाँव भिंगोते थे,
तरु-तले परस्पर बाँहों को उपधान बना
हम किस प्रकार निश्चिन्त छाँह में सोते थे!

जाने से पहले चलो, आज जी खोल मिलें
निर्झरी, लता, फूलों की डाली-डाली से,
पी लें जी भर पर्वत पर का नीरव प्रकाश,
लें सींच हृदय झूमती हुई हरियाली से।

चतुर्थ अंक

विस्मृताऽभिनयं सर्वं यत्पुरातन-वेदितम्,
शशाप भरतः कोपात् वियोगात्तस्य भूतले...

—पद्मपुराण

एष दीर्घायुरायुर्जातमात्र एव
उर्वश्या किमपि निमित्तमवेक्ष्य
मम् हस्ते न्यासीकृतः।

—विक्रमोर्वशीयम्

स्थान : *महर्षि च्यवन का आश्रम*

[महर्षि की पत्नी सुकन्या उर्वशी के नवजात को गोद में लिये खड़ी है। चित्रलेखा का प्रवेश]

सुकन्या

अच्छा, तू आ गई चित्रलेखे? निंदिया मुन्ने की,
अकस्मात्, तेरी आहट पाकर यों उचट गई है,
मानो, इसके मन में जो अम्बर का अंश छिपा है,
जाग पड़ा हो सुनते ही पद-चाप स्वर्ग की भू पर।

यह प्रसून छविमान् मही-नभ के अद्‌भुत परिणय का,
जाने, पिता-सदृश रस-लोभी होगा क्षार मही का
या देवता-समान मात्र गन्धों का प्रेमी होगा?

चित्रलेखा

मही और नभ दो हैं, ये सब कहने की बातें हैं।
खोदो जितनी भूमि, शून्यता मिलती ही जाएगी।
और व्योम जो शून्य दीखता, उसके भी अन्तर में
भाँति-भाँति के जलद-खंड घूमते; और पावस में
कभी-कभी रंगीन इन्द्रधनुषी भी उग आती है।

सुकन्या

और इन्द्रधनुषी के उगने पर विरक्त अम्बर की क्या होती है दशा?

चित्रलेखा

तुम्हें ही इसका ज्ञान नहीं है?
योगीश्वर तज योग, तपस्वी तज निदाधमय तप को
रूपवती को देख मुग्ध इस भाँति दौड़ पड़ते हैं,
मानो, जो मधु-शिखा ध्यान में अचल नहीं होती थी,
ठहर गई हो वही सामने युवा कामिनी बनकर।

भूल गई, जब किया स्पर्श तुमने ध्यानस्थ च्यवन का,
ऋषि समाधि से किस प्रकार व्याकुल-विलोल जागे थे?

सुकन्या

किन्तु, चित्रलेखे! मुझ को अपने महर्षि भर्त्ता पर
ग्लानि नहीं, निस्सीम गर्व है!

चित्रलेखा

यही गर्व मुझ को भी
हो आता है अनायास उन तेजवन्त पुरुषों पर,
बाधक नहीं तपोव्रत जिनके व्यग्र-उदग्र प्रणय का,
न तो प्रेम ही विघ्न डालता जिनके तपश्चरण में;
प्रणय-पाश में बँधे हुए भी जो निमग्न मानस से
उसी महासुख की चोटी पर चढ़े हुए रहते हैं,
जहाँ योग योगी को, कवि को कविता ले जाती है।
और निरंजन की समाधि से उन्मीलित होने पर
जिनके दृग दूषते नहीं अंजनवाली आँखों को।

तप का कर उत्सर्ग प्रेम पर तपोनिधान च्यवन ने
मात्र तुम्हें ही नहीं, जगत् भर की सीमन्तिनियों को
अमिट, अपार, त्रिलोक-जयी गौरव का दान दिया है।
और पुनः यौवन धारण कर उन अमोघ द्रष्टा ने
दिखा दिया, इन्द्रिय-तर्पण में कोई दोष नहीं है।

एक प्रेम वह, जो विधु-सा ऊपर उठता जाता है
होकर बीचोबीच किन्हीं दो ऐसे ताल-द्रुमों के
जिन वृक्षों ने कभी प्रणय-आलिंगन नहीं किया है।

और दूसरा वह, पड़कर जिसके रस-आलोड़न में
दो मानस ही नहीं, एक दो तन भी हो जाते हैं।

प्रथम प्रेम जितना पवित्र हो, पर, केवल आधा है;
मन हो एक, किन्तु, इस लय से तन को क्या मिलता है?
केवल अन्तर्दाह, मात्र वेदना अतृप्ति, ललक की;

दो निधि अन्तःक्षुब्ध, किन्तु, संत्रस्त सदा इस भय से,
बाँध तोड़ मिलते ही व्रत की विभा चली जाएगी;
अच्छा है, मन जले, किन्तु, तन पर तो दाग़ नहीं है।

मृषा तर्क, मन मलिन हुआ तो तन में प्रभा कहाँ है?
तन-मन का यह भेद सुकन्ये! मुझे नहीं रुचता है।
बलिहारी उस पूर्ण प्रेम की जिसकी क्षिप्र लहर में
केवल मन ही नहीं, अंग-संज्ञा भी खो जाती है।

धन्य त्रिया वह जो बलिष्ठ नर की पिपासु बाँहों में
आँख मूँद रस-मग्न प्रणय-पीड़न असह्य सहती है,
जैसे बहता कुसुम तंरगित सागर की लहरों पर।
धन्य पुरुष जो वर्ष-वर्ष निष्काम, उपोषित रहकर
जठरानल को तीव्र, क्षुधा को दीपित कर लेते हैं।
सतत भोग-रत नर क्या जाने तीक्ष्ण स्वाद जीवन का?
उसे जानता वह, जिसने कुछ दिन उपवास किया हो!

सदा छाँह में पली, प्रेम यह भोग-निरत प्रेमी का;
पर, योगी का प्रेम धूप से छाया में आना है।

सुकन्या

एकचारिणी मैं क्या जानूँ स्वाद विविध भोगों का?
मेरे तो आनन्द-धाम केवल महर्षि भर्त्ता हैं।
योग-भोग का भेद अप्सरा की अबन्ध क्रीडा है;
गृहिणी के तो परम देव आराध्य एक होते हैं,
जिससे मिलता भोग, योग भी वही हमें देता है।
क्या कुछ मिला नहीं मुझ को दयिता महर्षि की होकर?

शिखर-शिखर उड़ने में, जाने, कौन प्रमोद-लहर है!
किन्तु, एक तरु से लग सारी आयु बिता देने में
जो प्रफुल्ल, धन, गहन शान्ति है, वह क्या कभी मिलेगी
नये-नये फूलों पर नित उड़ती फिरनेवाली को?

नहीं एक से अधिक प्राण नारी के भी होते हैं,
तो फिर वह पालती खिलाकर क्या विभिन्न पुरुषों को?
और पुरुष कैसे जी लेता पाए बिना हृदय को?

स्यात्, मात्र छू भित्ति योषिता के शरीर-मन्दिर की,
धनु, प्रसून, उन्नत तरंग की जहाँ चित्रकारी है।

पर, ये चित्र अचिर; भौंहों के धनुष सिकुड़ जाएँगे,
छूटेगी अरुणिमा कपोलों के प्रफुल्ल फूलों की।
और वक्ष पर जो तरंग यौवन की लहराती है,
पीछे समतल छोड़ जरा में जाकर खो जाएगी।

तब फिर अन्तिम शरण कहाँ उस हतभागी नारी की?
यौवन का भग्नावशेष वह तब फिर किसे रुचेगा?
यहाँ देव-मन्दिर में भी तब तक ही जन जाते हैं,
जब तक हरे-भरे, मृदु हैं पल्लव-प्रसून तोरण के
और भित्तियों के ऊपर सुन्दर, सुकुमार त्वचा है।
टूट गया यदि हर्म्य, देवता का भी आशु मरण है।

इसीलिए, कहती हूँ, जब तक हरा-भरा उपवन है,
किसी एक के संग बाँध लो तार निखिल जीवन का;
न तो एक दिन वह होगा जब गलित, म्लान अंगों पर
क्षण भर को भी किसी पुरुष की दृष्टि नहीं विरमेगी;

बाहर होगा विजन निकेतन, भीतर प्राण तजेंगे
अन्तर के देवता तृषित भीषण हाहाकारों में।

चित्रलेखा

कौन लक्ष्य?

सुकन्या

जिसको भी समझो।

चित्रलेखा

मैं तो तृषित नहीं हूँ,
न तो देवता ही व्याकुल मेरे प्रसन्न प्राणों के।
दृष्टि जहाँ तक भी जाती है, मुझे यही दिखता है,
जब तक खिलते फूल, वायु लेकर सुगन्ध चलती है,
खिली रहूँगी मैं, शरीर में सौरभ यही रहेगा।

सुकन्या

सो, केवल इसलिए कि तुम अप्सरा, सिद्ध नारी हो।
विगलित कभी कहाँ होता यौवन तुम अप्सरियों का?
पर, यौवन है मात्र क्षणिक छलना इस मर्त्य भुवन में,
ले उसका अवलम्ब मानवी कब तक जी सकती है?

अप्सरियाँ जो करें, किन्तु, हम मर्त्य योषिताओं के
जीवन का आनन्द-कोष केवल मधुपूर्ण हृदय है।
हृदय नहीं त्यागता हमें यौवन के तज देने पर,
न तो जीर्णता के आने पर हृदय जीर्ण होता है।

एक-दूसरे के उर में हम ऐसे बस जाते हैं,
दो प्रसून एक ही वृन्त पर जैसे खिले हुए हों!
फिर रह जाता भेद कहाँ पर शिशिर, घाम, पावस का?
एक संग हम युवा, संग ही संग वृद्ध होते हैं।

मिलकर देते खेप अनुद्धतमन विभिन्न ऋतुओं को;
एक नाव पर चढ़े हुए हम उदधि पार करते हैं।

अप्सरियाँ उद्विग्न भोगतीं रस जिस चिर यौवन का,
उससे कहीं महत् सुख है जो हमें प्राप्त होता है
निश्छल, शान्त, विनम्र, प्रेमभर उर के उत्सर्जन से?

चित्रलेखा

सचमुच, यह सुख अप्रमेय है, मन ही नन्दि-निलय है।
क्षण भर पाकर हृदय-दान जब उतना सुख मिलता है,
तब कितना मिलता होगा यह सुख उन दम्पतियों को
जो सदैव के लिए हृदय उत्सर्जित कर देते हैं।

किन्तु, सुकन्ये! डरी नहीं तू, जब तेरे स्पर्शन से
मुनिसत्तम खंडित समाधि से कोपाकुल जागे थे?
क्रुद्ध तापसों से तो अप्सरियाँ भी डर जाती हैं।

सुकन्या

डरी नहीं मैं? हाय, चित्रलेखे! कौतूहल से ही
मैंने तनिक पलक खींची थी ध्यानमग्न मुनिवर की।
पर, नयनों के खुलते ही उद्भासित रन्ध्र-युगल से,
लगा, अग्नि ही स्वयं फूट कर कढ़े चले आते हों,

और नहीं कुछ, एक ग्रास में मुझे लील जाने को।
रंच मात्र भी हिली नहीं, निष्कम्प, चेतना-हीना
खड़ी रही उस भयस्तम्भ-पीड़िता, असंज्ञ मृगी-सी
जिसकी मृत्यु समक्ष खड़ी हो मृग-रिपु की आँखों में।

पर, मैं जली नहीं; तत्क्षण पावक ऋषि के नयनों का
परिणत होने लगा स्वयं शीतल मधु की ज्वाला में,
मानो, प्रमुदित अनल-ज्वाल जावक में बदल रहा हो।
नयन रक्त, पर, नहीं कोप से, आसव की लाली से।

सहसा फूट पड़ी स्मिति की आभा ऋषि के आनन पर;
लौट गया मेरी ग्रीवा पर आकर हाथ प्रलय का।
ज्यों ही हुई सचेत कि लज्जा से सुगबुगा उठी मैं।
पट सँभाल कर खड़ी देखने लगी बंक लोचन से,
अब, जाने, क्या भाव सुलगते हैं महर्षि के मुख पर।

अनुद्विग्न ही उठे मुनीश्वर, बोले अमृत-गिरा से :
"सौम्ये! हो कल्याण, कहाँ से इस वन में आई हो?
सुर-कुल की शुचि प्रभा या कि मानव-कुल की तनया हो?

"कहाँ मिला यह रूप, देखते ही जिसको पावक की
दाहकता मिट गई, स्थाणु में पत्ते निकल रहे हैं?

"वरण करोगी मुझे? तुम्हारे लिए जरा को तज कर
शुभे! तपस्या के बल से यौवन मैं ग्रहण करूँगा
प्रौढ़ मेघ, पादप नवीन, मदकल, किशोर कुंजर-सा।

"डरो नहीं, यह तपोभंग च्युति नहीं, सिद्धि मेरी है।
पहले भी जब हुआ पूर्ण कटु तप महर्षि कर्दम का,
स्वर्ग नहीं, ऋषि ने वर में नारी मनोज्ञ माँगी थी।
सो तुम सम्मुख खड़ी तपस्या के फल की आभा-सी,
अब होगा क्या अपर स्वर्ग जिसका सन्धान करूँ मैं?
हरि प्रसन्न यदि नहीं, सिद्धि बनकर तुम क्यों आई हो?

"मणि-माणिक्य नहीं, तप केवल एक रत्न तापस का;
शुचिस्मिते! मैं वही रत्न तुमको अर्पित करता हूँ।
हम-तुम मिल कर साथ रहेंगे जहाँ पर्णशाला में,
शुभे! स्वर्ग वरदान माँगने वहाँ स्वयं आएगा।"

चित्रलेखा

कीर्तिमान् की कीर्ति, साधना भावुक तपोव्रती की
जो रसमय उद्वेग त्रिया के उर में भर सकती है,
वह उद्वेग भला जागेगा मणि, माणिक्य, मुकुट से?
धन्य वही जो विभव नहीं, यश को अर्पित होती है।

सुकन्या

चित्रे! मैं भर गई, न जाने, किस अपार महिमा से?
प्रथम-प्रथम ही उठा जाग नारीत्व विभासित होकर।

लगा, सूर्य में चमक रहा जो, वह प्रकाश मेरा है,
महा व्योम में भरे रत्न मुझसे ही छिटक पड़े हैं,
नाच रहीं ऊर्मियाँ भंगिमा ले मेरे चरणों की,
दौड़ रही वन में, जो, वह मेरी ही हरियाली है।

लौट गए थे हो निराश शत-शत युवराज जहाँ से,
वही द्वार खुल गया श्रवण कर यह प्रशस्ति तापस की,
"हरि प्रसन्न यदि नहीं, सिद्धि बन कर तुम क्यों आई हो?"

हाय, चित्रलेखे! प्रशस्तियाँ क्या-क्या नहीं सुनी थीं?
किसे नहीं मुख में दीखा था पूर्ण चन्द्र अम्बर का,
नयनों में वारुणी और सीपी की चमक त्वचा में?

पर, अदृश्य जो देव पड़े थे गहन, गूढ़ मन्दिर में,
उनका वन्दन-गान किसी ने कहाँ, कभी गाया था?

लौट गए सब देख चमत्कृत शोणित, मांस, त्वचा को,
रंगों के प्राचीर, गन्ध के घेरों से टकराकर;
कोई भी तो नहीं त्वचा के परे पहुँच पाया था।

सब को लगा, मोहिनी-सी मुझ में कुछ भरी हुई है,
पर, यह सम्मोहन-तरंग आती है उमड़ जहाँ से,
भीतर के उस महा सिन्धु तक किसकी दृष्टि गई थी?

देखा उसे महर्षि च्यवन ने और सुप्त महिमा को
जगा दिया आयास-मुक्त, निश्छल प्रशस्ति यह गाकर :
हरि प्रसन्न यदि नहीं, सिद्धि बनकर तुम क्यों आई हो?

लगा मुझे, सर्वत्र देह की पपरी टूट रही है,
निकल रही हैं त्वचा तोड़ कर दीपित, नई त्वचाएँ;
चला आ रहा फूट अतल से कुछ मधु की धारा-सा,
हरियाली से मैं प्रसन्न आकंठ भरी जाती हूँ।

रही मूक की मूक, किन्तु, अम्बर पर चढ़े हृदय ने
कहा : "गूढ़ द्रष्टा महर्षि! तुम मृषा नहीं कहते हो;
परम सत्य की स्मिति उदार, मैं देवी, मैं नारी हूँ।
रूप दीर्घ तप का प्रसाद है; विविध साधनाओं से
तापस, प्रज्ञावान् पुरुष जो सिद्धि लाभ करते हैं,
अनायास ही सुलभ शक्ति वह रूपमती नारी को।
नारी का सौन्दर्य विश्व-विजयिनी, अमोघ प्रभा है।

"सचमुच ही, फूटते स्पर्श से पत्र अपत्र द्रुमों में,
धरती जहाँ चरण, ऊसर में फूल निकल आते हैं।

"मैं अनन्त की प्रभा, नहीं अनुचरी किरीट, मुकुट की,
प्रणय-पुण्यशीला स्वतंत्र मैं केवल उसे वरूँगी,
जिसमें होगी ज्योति किसी दारुणतम तपश्चरण की।

किन्तु, हाय, तुम एक बार क्यों नहीं पुनः कहते हो :
'हरि प्रसन्न यदि नहीं, सिद्धि बन कर तुम क्यों आई हो'?"

चित्रलेखा

ऊफ़ री! मादक घड़ी प्रेम के प्रथम-प्रथम परिचय की!
मर कर भी सखि! मधु मुहूर्त्त यह कभी नहीं मरता है।
जब चाहो, साकार देख लो उसे बन्द आँखों में।

पर, मैं क्यों, इस भाँति, स्वयं कंटकित हुई जाती हूँ?
प्रथम प्रेम की स्मृति भी कितनी पुलकपूर्ण होती है!

च्यवन पूज्य सारी वसुधा के, पर, असंख्य ललनाएँ
उन्हें देखती हैं अपार श्रद्धा, असीम गौरव से।

नारी को पर्याय बता कर तप:सिद्धि भूमा का,
सचमुच, त्रिया-जाति को ऋषि ने अद्भुत मान दिया है।

सुकन्या

पूछो मत, वैसे तो, ऋषि की प्रकृति तनिक कोपन है;
मन की रचना में निविष्ट कुछ अधिक अंश पावक का।
किन्तु, नारियों पर, सचमुच, उनकी अपार श्रद्धा है,
और सहज उतनी ही वत्सलता निरीह शिशुओं पर।

कहते हैं : "शिशु को मत देखो अगम्भीर भावों से;
अभी नहीं ये दूर केन्द्र से परम गूढ़ सत्ता के;
जाने, क्या कुछ देख स्वप्न में भी हँसते रहते हैं!

"स्यात्, भेद जो खुला नहीं अब तक रहस्य-ज्ञानी पर,
अनायास ही उसे देखते हैं ये सहज नयन से,
क्योंकि दृष्टि पर अभी ज्ञान का केंचुल नहीं चढ़ा है।

"जिसके भी भीतर पवित्रता जीवित है शिशुता की,
उस अदोष नर के हाथों में कोई मैल नहीं है।"

जब उर्वशी यहाँ आई थी पुत्र प्रसव करने को,
ऋषि ने देखा था उसको, क्या कहूँ कि किस ममता से?
और रात के समय कहा चिन्तन-गम्भीर गिरा में :
"शुभे! त्रिया का जन्म ग्रहण करने में बड़ा सुयश है।
चन्द्राहत कर विजय प्राप्त कर लेना वीर नरों पर
बड़ी शक्ति है; शुचिस्मिते! शूरता इसे कहता हूँ।

"और नारियों में भी श्लथ, गर्भिणी, सत्त्वशीला को
देख मुझे सम्मानपूर्ण करुणा-सी हो आती है।
कितनी विवश, किन्तु, कितनी लोकोत्तर वह लगती है!

"देह-कान्ति पीतिमा-युक्त; गति नहीं पदों के वश में;
चल लेती है किसी भाँति पीवर उस मेघाली-सी
जो समुद्र का जल पीकर मन्थर डगमगा रही हो।

"आकृति ओप-विहीन, किन्तु, वह रहित नहीं भावों से;
फिर भी, कोई रंग देर तक ठहर नहीं पाता है,
विवशा के वश में, मानो, अब ये ऊर्मियाँ नहीं हों।

"दृग हो जाते वक्र या कि बाहर मन के बन्धन से;
देख नहीं पाती, जैसे देखना चाहती है वह;
यही बेबसी मुख पर आकुलता बन छा जाती है।''

"निस्सहाय, उदरस्थ भविष्यत् के अधीन वह दीना
किस प्रकार रख सके भला अपने वश में अपने को?
जो चाहता भविष्य, वक्र पर वही भाव आते हैं।
मानो, जो ले जन्म कभी तुतली वाणी बोलेगा,
लगा भेजने वह अजात तुतले संकेत अभी से।
सत्त्ववती नारी अंकन-पट है भविष्य के कर का।

"कितनी सह यातना पालती त्रिया भविष्य जगत् का?
कह सकता है कौन पूर्ण महिमा इस तपश्चरण की?"

और प्रसूता के समीप से जब महर्षि आए थे,
बोले थे : "उर्वशी अभी, देखा, कैसी लगती थी,
पड़ी हुई निस्तब्ध शमित पीड़ा की शान्त कुहू में?

"तट पर लगी अचल नौका-सी जो अदृश्य में जाकर
दृश्य जगत् के लिए सार्थ जीवन का ले आई हो,
और रिक्त होकर प्रभार से अब अशेष तन्द्रा में
याद कर रही हो धुँधली बातें अदृश्य के तट की।

"बाँध रहा जो तन्तु लोक को लोकोत्तर जगती से,
उसका अन्तिम छोर, न जाने, कहाँ अदृश्य छिपा है।
दृश्य छोर है, किन्तु, यहाँ प्रत्यक्ष त्रिया के उर में!

"नारी ही वह महासेतु, जिस पर अदृश्य से चल कर
नये मनुज, नव प्राण दृश्य जग में आते रहते हैं।
नारी ही वह कोष्ठ, देव, दानव, मनुष्य से छिपकर
महा शून्य, चुपचाप, जहाँ आकार ग्रहण करता है।

"सच पूछो तो, प्रजा-सृष्टि में क्या है भाग पुरुष का?
यह तो नारी ही है, जो सब यज्ञ पूर्ण करती है।
सत्त्व-भार सहती असंग, सन्तति असंग जनती है;
और वही शिशु को ले जाती मन के उच्च निलय में,
जहाँ निरापद, सुखद कक्ष है शैशव के झूले का।

"शुभे! सदा शिशु के स्वरूप में ईश्वर ही आते हैं।
महापुरुष की ही जननी प्रत्येक जननि होती है;
किन्तु, भविष्यत् को समेट अनुकूल बना लेने का
मिलता कहाँ सुयोग विश्व की सारी माताओं को?
तब भी, उनका श्रेय सुचरिते! अल्प नहीं, अद्भुत है।"

[उर्वशी का प्रवेश]

उर्वशी

[चित्रलेखा से]

अच्छा! तो यह आप सखी के संग विराज रही हैं!
अब तो यहीं भेंट हो जाती है सब अप्सरियों से।
च्यवन-कुटी है अथवा यह मघवा का मोद-भवन है?

चित्रलेखा

मोद-भवन हो भले सुकन्या का यह; पर, अपना तो
राज-भवन है, जहाँ कल्पना और सत्य-संगम से
मनुजों का अगला शशांक-वंशी नरेश जनमा है।
हम अप्सरा, किन्तु, आर्या किस मानव की बेटी हैं?

उर्वशी

बेटी नहीं हुई तो क्या? अब माँ तो हूँ मानव की?
नहीं देखती, रत्नमयी को कैसा लाल दिया है?

चित्रलेखा

कौन कहे, जो तेज दमकता है इसके आनन पर,
प्राप्त हुआ हो इसे अंश वह जननी नहीं, जनक से?

उर्वशी

अरी, देखती नहीं, लाल की नन्ही-सी आँखों में
अब भी तो सुस्पष्ट स्वर्ग के सपने झलक रहे हैं?
टुकुर-टुकुर सन्तुष्ट भाव से कैसे ताक रहा है?
मानो, हो सर्वज्ञ, सर्वदर्शी समर्थ देवों-सा!

सुकन्या

सखी! तुम्हारा लाल अभी से बहुत-बहुत नटखट है,
देख रही हूँ बड़े ध्यान से, जब से तुम आई हो,
तुम पर से इस महाधूर्त की दृष्टि नहीं हटती है।
लो, छाती से लगा जुड़ाओ इसके तृषित हृदय को;
जो भी करूँ, दुष्ट मुझ को अपनी माँ क्यों मानेगा?

उर्वशी

अरी, जुड़ाना क्या इसको? ला, दे, इस हृदय-कुसुम को
लगा वक्ष से स्वयं प्राण तक शीतल हो जाती हूँ।

[सुकन्या की गोद से बच्चे को लेकर हृदय से लगाती है।]

आह! गर्भ में लिये इसे कल्पना-शृंग पर चढ़कर
किस सुरम्य, उत्तुंग स्वप्न को मैंने नहीं छुआ था?

यही चाहती थी, समेट कर पी लूँ सूर्य-किरण को,
विधु की कोमल रश्मि, तारकों की पवित्र आभा को,
जिससे ये अपरूप, अमर ज्योतियाँ गर्भ में जाकर
समा जाएँ इसके शोणित में, हृदय और प्राणों में

यही सोचती थी, त्रिलोक में जो भी शुभ, सुन्दर है,
बरस जाए सब एक साथ मेरे अंचल में आकर;
मैं समेट सब को रच दूँ मुसकान एक पतली-सी,
और किसी भी भाँति उसे जड़ दूँ इसके अधरों पर!

सब का चाहा भला कि इसके मानस की रचना में
समावेश हो जाए दया का, सभी भली बातों का।

विनय सुनाती रही अगोचर, निराकार, निर्गुण को,
भ्रूण-पिंड को परम देव छू दें अपनी महिमा से।

वह सब होगा सत्य; लाल मेरा यह कभी उगेगा
पिता-सदृश ही अपर सूर्य बनकर अखंड भूतल में।
और भरेगा पुण्यवान् यह माता का गुण लेकर
उर-अन्तर अनुरक्त प्रजा का शीतल हरियाली से।

जब होगा यह भूप, प्रचुर धन-धान्यवती भू होगी,
रोग, शोक, परिताप, पाप वसुधा के घट जाएँगे;
सब होंगे सुखपूर्ण, जगत् में सब की आयु बढ़ेगी,
इसीलिए, तो सखी! अभी से इसे आयु कहती हूँ।

[बच्चे को बार-बार चुमकारती है।]

कितनी मृदुल ऊर्मि प्राणों में अकथ, अपार सुखों की!
दुग्ध-धवल यह दृष्टि मनोरम कितनी अमृत-सरस है!
और स्पर्श में यह तरंग-सी क्या है सोम-सुधा की,
अंक लगाते ही आँखों की पलकें झुक जाती हैं!

हाय, सुकन्ये! कल से मैं, जानें, किस भाँति जियूँगी!

सुकन्या

क्यों, कल क्या होगा?

उर्वशी

कल से मुझ पर पहाड़ टूटेगा।
यज्ञ पूर्ण होगा, विमुक्त होते ही आचारों से

कल, अवश्य ही, महाराज मेरा सन्धान करेंगे।
और न क्षण भर कभी दूर होने देंगे आँखों से।

हाय, दयित जिसके निमित्त इतने अधीर, व्याकुल हैं,
उनका वह वंशधर जन्म ले वन में छिपा पड़ा है।
और विवशता यह तो देखो, मैं अभागिनी नारी
दिखा नहीं सकती सूत का मुख अपने ही स्वामी को,
न तो पुत्र के लिए स्नेह स्वामी का तज सकती हूँ।

भरत-शाप जितना भी कटु था, अब तक वह वर ही था;
उसका दाहक रूप सुकन्ये! अब आरम्भ हुआ है।

सुकन्या

महा क्रूर-कर्मा कोविद; ये भरत बड़े दारुण हैं।
यह भी क्या वे नहीं जानते, सन्तति के आने पर
पति-पत्नी का प्रणय और भी दृढ़तर हो जाता है?

बाला रहती बँधी मृदुल धागों से शिरिष-सुमन के,
किन्तु, अंक में तनय, पयस् के आते ही अंचल में,
वही शिरिष के तार रेशमी कड़ियाँ बन जाते हैं।

और कौन है, जो तोड़े झटके से इस बन्धन को?
रेशम जितना ही कोमल, उतना ही दृढ़ होता है।

कौन भामिनी है, जो अंगज पुत्र और प्रियतम में
किसी एक को लेकर सुख से आयु बिता सकती है?
कौन पुरन्ध्री तज सकती है पति के लिए तनय को?
कौन सती सूत के निमित्त स्वामी को त्याग सकेगी?

यह संघर्ष कराल! उर्वशी! बड़ा कठिन निर्णय है।
पुत्र और पति नहीं, पुत्र या केवल पति पाओगी,
सो भी तब, जब छिपा सको निष्ठुर बन सदा तनय को,
और मिटा दो इसी छिपाने में भविष्य बेटे का।

सखी! दुष्ट मुनि ने कितना यह भीषण शाप दिया है!
इससे तो था श्रेष्ठ भस्म कर देते तुम्हें जलाकर।

चित्रलेखा

किन्तु, जला दें तो संध्या आने पर इन्द्र-सभा में
नाच-नाच कर कौन देवताओं की तपन हरेगी
काम-लोल कटि के कम्पन, भौंहों के संचालन से?

सरल मानवी क्या जानो तुम कुटिल रूप देवों का?
भस्म-समूहों के भीतर चिनगियाँ अभी जीती हैं।
सिद्ध हुए, पर सतत-चारिणी तरी मीनकेतन की
अब भी मन्द-मन्द चलती है श्रमित रक्त-धारा में।

सहे मुक्त प्रहरण अनंग का, दर्प कहाँ वह तन में?
बिबुध पंचशर के बाणों को मानस पर लेते हैं।
वश में नहीं सुरों के प्रशमन सहज, स्वच्छ पावक का,
ये भोगते पवित्र भोग औरों में वह्नि जगाकर!

कहते हैं, अप्सरा बचे यौवनहर प्रसव-व्यथा से;
और अप्सराएँ इस सुख से बचती भी रहती हैं।
क्योंकि कहीं बस गईं भूमि पर वे माताएँ बनकर,
रस-लोलुप दृष्टियाँ सिद्ध, तेजोनिधान देवों की
लोटेंगी किनके कपोल, ग्रीवा, उर के तल्पों पर?

हम कुछ नहीं, रंजिकाएँ हैं मात्र अभुक्त मदन की।

हाय, सुकन्ये! नियति-शाप से ग्रसित अप्सराओं की
कोई भी तो नहीं विषम वेदना समझ पाता है।

सुकन्या

[उर्वशी से]

तो यह दारुण नियति-क्रीड़ कब तक चलता जाएगा?
कब तक तुम इस भाँति नित्य छिपकर वन में आओगी
सूत को हृदय लगा, क्षण भर, मन शीतल कर लेने को?
और आयु, कुछ कह सकती हो, कब तक यहाँ रहेगा?

हे भगवान्! उर्वशी पर यह कैसी विपद् पड़ी है।

उर्वशी

आने को तो, स्यात्, आज यह अन्तिम ही आना है।
कल से तो फिर लौट पड़ेगी वही सरणि जीवन की,
दिन भर रहना संग-संग प्रियतम के, जहाँ रहें वे,
और बिता देना समग्र रजनी उस प्रणय-कथा में
जिसका कहीं न आदि, न तो मध्यावसान होता है।
तब भी, जाने, विरह आयु का कैसे झेल सकूँगी?
हाय पुत्र! तू क्यों आया था उसके बन्ध्य उदर में,
अभिशप्ता जो नहीं प्यार माँ का भी दे सकती है?

मैं निमित्त ही रही, सुकन्ये! इस अबोध बालक की
तुम्हें छोड़ कर निखिल लोक में और कौन माता है?
केवल भ्रूण-वहन, केवल प्रजनन मातृत्व नहीं है;

माता वही, पालती है जो शिशु को हृदय लगा कर।
सखी! दयामयि देवि! शरण्ये! शुभे! स्वसे! कल्याणी!
मैं क्या कहूँ, वंश से बिछुड़ा कब तक आयु रहेगा
यहाँ धर्म की शरण, तुम्हारे अंचल की छाया में?
किन्तु, पिता-गृह तो, अवश्य ही, उसे कभी जाना है;
वह हो आज या कि कुछ दिन में या यौवन आने पर।

अपना सुख तृणवत् नगण्य है, उसे छोड़ सकती हूँ।
किन्तु, पुत्र का भाग्य भूमि पर रह कैसे फोड़ूँगी?
देना भेज, उचित जब समझो, मुझ से जनित तनय पर
जभी पड़ेगी दृष्टि दयित की, वज्र आन टूटेगा;
गरज उठेगा भरत-शाप, मैं पराधीन पुतली-सी
खिंची हुई क्षिति छोड़ अचानक स्वर्ग चली जाऊँगी।
छूट जाएँगे अकस्मात् वे सुख, जिनके लालच में,
जब से आई यहाँ, कल्प-कानन को भूल गई हूँ।

यह धरती, यह गगन, मृगों से भरी, हरी अटवी यह,
ये प्रसून, ये वृक्ष स्वर्ग में बहुत याद आएँगे।
झलमल-झलमल सरित्सलिल वह ऊषा की लाली से
शस्यों पर बिछली-बिछली आभा वह रजत-किरण की,
चहक-चहक उठना वह विहगों का निकुंज-पुंजों में,

स्वर्गवासिनी मैं, श्रद्धा से, नमस्कार करती हूँ
अविनश्वर, सौन्दर्यपूर्ण, नश्वर इस महा मही को।
कितना सुख! कितना प्रमोद! कितनी आनन्द-लहर है!
कितना कम स्वर्गीय स्वयं सुरपुर है इस वसुधा से!

दिन में भी अंकस्थ किये मोहिनी प्रिया छाया को
ये पर्वत रसमग्न, अचल कितने प्रसन्न लगते हैं!
कितना हो उठता महान् यह गगन निशा आने पर,
जब उसके उर में विराट नक्षत्र-ज्वार आता है।
हो उठती यामिनी गहन, तब उन निस्तब्ध क्षणों में,
कौन गान है, जिसे अचेतन अन्धकार गाता है?
आती है जब वायु स्पर्श-सुख-मयी सुदूर क्षितिज से,
कौन बात है, जिसे तृणों पर वह लिखती जाती है?

और गन्धमादन का वह अनमोल भुवन फूलों का!
मृग ही नहीं, विटप-तृण भी कितने सजीव लगते थे!
पत्र-पत्र को श्रवण बना अटवी कैसे सुनती थी
सूक्ष्म निनद, चुपचाप, हमारे चुम्बन, कल कूजन का!
झुक आती थीं, किस प्रकार, डालियाँ हमें छूने को,
शैलराज, मानो, सपने में बाँहें बढ़ा रहा हो।
किस प्रकार विचलित हो उठते थे प्रसून कुंजों के,
मानो, गन्धपूर्ण साँसों से हमको पी जाएँगे।
फेन-फेन होती वह ऊर्मिल हरियाली शिखरों की
ज्वार बाँध, किस भाँति, बादलों को छूने उठती थी?
कैसे वे तटिनियाँ उछलती हुई सुढाल शिला पर
हमें देख चलने लगती थीं और अधिक इठला कर!

और हाय! वह एक निर्झरी पिघले हुए सुकृत-सी,
तीर-दुरमों की छाया में कितनी भोली लगती थी!
लगता था, यह चली आ रही जिस पवित्र उद्गम से,
वहीं कहीं रहते होंगे नारायण कुटी बना कर।

आह! गन्धमादन का वह सुख और अंक प्रियतम का!
सखी! स्वर्ग में जो अलभ्य है, उस आनन्द मदिर का,
इसी सरस वसुधा पर, मैंने छक कर पान किया है।
व्याप गई जो सुरभि घ्राण में, सुषमा चकित नयन में,
रोमांचक सनसनी स्पर्श-सुख की जो समा गई है
त्वचा-जाल, ग्रीवा, कपोल में, उँगली की पोरों में,
धो पाएगा उसे कभी क्या सलिल वियद्-गंगा का?
पारिजात-तरु-तले ध्यान में जगी हुई खोजूँगी
उर:देश पर सुखद लक्ष्म प्रियतम के वक्षस्थल का,
रोमांचित सम्पूर्ण देह पर चिह्न विगत चुम्बन के।

और कभी क्या भूल सकूँगी उन सुरम्य रभसों को,
प्रिय का वह क्रीड़न अभंग मेरे समस्त अंगों से;
रस में देना बिता मदिर शर्वरी खुली पलकों में
कभी लगाकर मुझे स्निग्ध अपने उच्छ्वसित हृदय से,
कभी बालकों-सा मेरे उर में मुखदेश छिपा कर?

तब फिर आलोड़न निगूढ़ दो प्राणों की ध्वनियों का;
उनकी वह बेकली विलय पाने की एक अपर में;
शोणित का वह ज्वलन, अस्थियों में वह चिनगारी-सी,
स्वयं विभासित हो उठना पुलकित सम्पूर्ण त्वचा का,
मानो, तन के अन्धकार की परतें टूट रही हों!
और डूब जाना मन का निश्चल समाधि के सुख में,
किसी व्योम के अन्तराल में, किसी महासागर में।
सखि! पृथ्वी का प्रेम प्रभामय कितना दिव्य गहन है!
विसुध तैरते हुए स्वयं अपनी शोणित-धारा में,
क्या जाने, हम किस अदृश्य के बीच पहुँच जाते हैं!

यह प्रदीप्त आनन्द कहाँ सुरपुर की शीतलता में?
पारिजात-द्रुम के फूलों में कहाँ आग होती है?
यह तो यही मर्त्य जगती है, जहाँ स्पर्श के सुख से
अन्धकार में प्रभापूर्ण वातायन खुल पड़ते हैं।
जल उठती है प्रणय-वह्नि, वैसे ही, शान्त हृदय में,
ज्यों, निद्रित पाषाण जाग कर हीरा बन जाता है।

किन्तु, हाय री, नश्वरता इन अतुल, अमेय सुखों की!
अमर बनाकर उन्हें भोगना मुझ को भी दुष्कर है,
यद्यपि मैं निर्जर, अमर्त्य, शाश्वत, पीयूषमयी हूँ।

भरत-शाप, जाने, आकर कितना अदूर ठहरा है
घात लगाये हुए, एक ही आकस्मिक झटके में,
पृथ्वी से मेरा सुखमय सम्बन्ध काट देने को!
जो भी करूँ सखी! पर, वह दिन आने ही वाला है,
छिन जाएगा जब समस्त सौभाग्य एक ही क्षण में।
उड़ जाऊँगी छोड़ भूमि पर सुख समस्त भूतल का,
जैसे आत्मा देह छोड़ अम्बर में उड़ जाती है।
हाय! अन्त में, मुझ अभागिनी शाप-ग्रस्त नारी को
न तो प्राणप्रिय पुत्र, न तो प्रियतम मिलनेवाले हैं।

चित्रलेखा

भरत-शाप दुस्सह, दुरन्त, कितना कटु, दुखदायी है!
क्षण-क्षण का यह त्रास सखी! कब तक सहती जाओगी
उस छागी-सी, सतत भीति-कम्पित जिसकी ग्रीवा पर
यम की जिह्वा के समान खर-छुरिका झूल रही हो?

शिशु को, किसी भाँति, पहुँचा कर प्रिय के राजभवन में
अच्छा है, तुम लौट चलो, आज ही रात, सुरपुर को।
माना, नहीं उपाय शाप से कभी त्राण पाने का;
पर, उसके भय की प्रचंडता से तो बच सकती हो।
और अप्सरा सन्ततियों का पालन कब करती है?

उर्वशी

यों बोलो मत सखी! भूमि के अपने अलग नियम हैं।
सुख है जहाँ, वहीं दुख वातायन से झाँक रहा है।

यहाँ जहाँ भी पूर्ण स्वरस है, वहीं निकट खाई में
दाँत पजाती हुई घात में छिपी मृत्यु बैठी है।

जो भी करता सुधा-पान, उसको रखना पड़ता है
एक हाथ रस के घट पर, दूसरा मरण-ग्रीवा पर।
फिर मैं ही क्यों उसे छोड़ दूँ भीत अनागत भय से?

आयु रहेगा यहीं, दूसरी कोई राह नहीं है।

सुकन्या

चित्रे! सखी उचित कहती है, इस निरीह पयमुख को
अभी भेजना नहीं निरापद होगा राज-भवन में।
रानी जितनी भी उदार, कुलपाली, दयामयी हों,
विमातृत्व का हम वामा विश्वास नहीं करती हैं।

दो, उर्वशी! इसे मुझको दो, मैं इसको पालूँगी।

[उर्वशी की गोद से आयु को ले लेती है और उसे पुचकारते हुए बोलती जाती है :

यह आश्रम की ज्योति, इन्दु नन्ही इस पर्ण-कुटी का;
सखी! तुम्हारा लाल हमारी आँखों का तारा है।

घुटनों के बल दौड़-दौड़ मेरा मुन्ना पकड़ेगा
कभी हरिण के कान, कभी डैने कपोत-केकी के।

और खड़ा होकर चलते ही बड़ी रार रोपेगा
शशकों, गिलहरियों, प्लवंग-शिशुओं, कुरंग-छौनों से।

फिर कुछ दिन में और तनिक बढ़ कर प्रति दिन जाएगा
होमधेनुओं को लेकर गोचर-अनुकूल विपिन में।

और साँझ के समय चरा कर उन्हें लौट आएगा
सिर पर छोटा बोझ लिये कुश, दर्भ और समिधा का।

फिर पवित्र होकर, महर्षि के साथ यज्ञ-वेदी पर
बैठ हमारा लाल मंत्र पढ़-पढ़ कर हवन करेगा।

हवन-धूम से आँखों में जब वाष्प उमड़ आएँगे,
तब मैं दोनों नयन पोंछ दूँगी अपने अंचल से।

शस्त्र-शास्त्र-निष्णात, अंग से बली, विभासित मन से,
जब अपना यह आयु पूर्ण कैशोर प्राप्त कर लेगा,
पहुँचा दूँगी स्वयं इसे ले जाकर राज-भवन में।

तब तक जा, पीयूष पान कर तू मृण्मयी मही का,
चिन्ता-रहित, अशंक, आयु को कोई त्रास नहीं है।

उर्वशी

तो मैं चली।

सुकन्या

कहाँ? बँधने को प्रिय के आलिंगन में?

उर्वशी

उस बन्धन में तो अब केवल तन ही बँधा करेगा;
प्राणों को तो यहीं तुम्हारे घर छोड़े जाती हूँ।

"पुत्र और पति नहीं, पुत्र या केवल पति पाओगी?"
सखी! सत्य ही, ये विकल्प दारुण, दुरन्त, दुस्सह हैं।

अब मत डाले भाग्य किसी को ऐसी कठिन विपद् में।

[उर्वशी और चित्रलेखा का प्रस्थान]

पंचम अंक

अहमपि तव सूनावद्य विन्यस्य राज्यम्
विचरितमृगयूथान्याश्रयिष्ये वनानि।

—विक्रमोर्वशीयम्

क्रन्दन्स देशदेशेषु बभ्राम नृपतिः स्वयं।

—देवीभागवत

अवेत्य शापदोषं तं सोऽथ गत्वा पुरूरवा
हरेराराधनं चक्रे ततो बदरिकाश्रमे।

—कथासरित्सागर

स्थान : पुरूरवा का राजप्रासाद

[पुरूरवा, उर्वशी, महामात्य, राज-पंडित, राज-ज्योतिषी, अन्य सभासद्, परिचायक और परिचारिकाएँ यथास्थान बैठे या खड़े। राजा की मुद्रा अत्यन्त चिन्ताग्रस्त। आरम्भ में, कई क्षणों तक, कोई कुछ नहीं बोलता।]

महामात्य

देव! क्षमा हो कुतुक, महामय के विशाल नयनों में,
देख रहा हूँ, आज नई चिन्ता कुछ घुमड़ रही है।

महाराज जब से आए हैं, मूक, विषण्ण, अचल हैं।
सुखदायक कल रोर रोक, निस्पन्द किये लहरों को
महासिन्धु क्यों, इस प्रकार, अपने में डूब गया है?
सभा सन्न है, कौन विपद् हम पर आनेवाली है?

पुरूरवा

कुशल करें अर्यमा, मरुद्गण उतर व्योम-मंडल से
अभिषुत सोम ग्रहण करने को आते रहें भुवन में।
वरुण रखें प्रज्वलित निरन्तर आहवनीय अनल को,
रहे दृष्टि हम पर अभीष्ट-वर्षी अमोघ मघवा की।
सभासदो! कल रात स्वप्न मैंने विचित्र देखा है।

सभी सभासद्

स्वप्न!

पुरूरवा

स्वप्न ही कहो, यदपि, मेरे मन की आँखों के
आगे, अब भी, सभी दृश्य वैसे ही घूम रहे हैं,
जैसे, सुप्ति और जागृति के धूमिल, द्वाभ क्षितिज पर
मैंने उन्हें सत्य, चेतना, सुस्पष्ट, स्वच्छ देखा था।

कितनी अद्‌भुत कथा! दृश्य वह मानव की छलना थी?
या जो मुद्रित पृष्ठ अभी आगे खुलने वाले हैं,
देख गया हूँ उन्हें रात निद्रित भविष्य में जाकर?

कौन कहे, जिसको देखा, वह सारहीन सपना था
या कि स्वप्न है वह जिसको अब जग कर देख रहा हूँ?

क्या जानें, जागरण स्वप्न है या कि स्वप्न जागृति है?

महामात्य

बड़ी विलक्षण बात! देव ने ऐसा क्या देखा है,
जिससे जागृति और स्वप्न की दूरी बिला रही है,
परछाईं पड़ रही अनागत की आगत के मुख पर,
मुँदी हुई पोथी भविष्य की उन्मीलित लगती है?
देव दया कर कहें स्पष्ट, दुश्चिन्त्य स्वप्न वह क्या था?
अश्विद्वय की कृपा, विघ्न जो भी हों, टल जाएँगे।

पुरूरवा

कौन विघ्न किसका? जो है, जो अब होनेवाला है,
सब है बद्ध निगूढ़, एक ऋत के शाश्वत धागे में;
कहो उसे प्रारब्ध, नियति या लीला सौम्य प्रकृति की।
बीज गिरा जो यहाँ, वृक्ष बनकर अवश्य निकलेगा।
किन्तु, भीत मैं नहीं; गर्त के अतल, गहन गह्वर में
जाना हो तो उसी वीरता से प्रदीप्त जाऊँगा
जैसे ऊपर विविध व्योम-लोगों में घूम चुका हूँ।

भीति नहीं यह मौन; मूकता में यह सोच रहा हूँ,
अबकी बार भविष्य कौन-सा वेष लिये आता है।

महामात्य

महाराज का मन बलिष्ठ; संकल्प-शुद्ध अन्तर है।
जिसकी बाँहों के प्रसाद से सुर अचिन्त रहते हैं,
उस अजेय के लिए कहाँ है भय द्यावा-पृथ्वी पर?

प्रभु अभीक ही रहें; किन्तु, हे देव! स्वप्न वह क्या था,
जिसकी स्मृति अब तक निषण्ण है स्वामी के प्राणों में?

मन के अलस लेख सपने निद्रा की चित्र-पटी पर
जल की रेखा के समान बनते-बुझते रहते हैं।

पुरूरवा

देखा, सारे प्रतिष्ठानपुर में कलकल छाया है,
लोग कहीं से एक नव्य वट-पादप ले आए हैं।
और रोप कर उसे सामने, वहाँ, बाह्य प्रांगण में
सींच रहे हैं बड़ी, प्रीति, चिन्ताकुल आतुरता से।

मैं भी लिये क्षीरघट, देखा, उत्कंठित आया हूँ;
और खड़ा हूँ सींच दूध से उस नवीन विरवे को।
मेरी ओर, परन्तु, किसी नागर की दृष्टि नहीं है,
मानो, मैं हूँ जीव नवागत अपर सौर मंडल का,
नगरवासियों की जिससे कोई पहचान नहीं हो।

तब देखा, मैं चढ़ा हुआ मदकल, वरिष्ठ कुंजर पर
प्रतिष्ठानपुर से बाहर कानन में पहुँच गया हूँ।
किन्तु, उतर कर वहाँ देखता हूँ तो सब सूना है,
मुझे छोड़, चोरी से, मेरा गज भी निकल गया है।

एकाकी, नि:संग भटकता हुआ विपिन निर्जन में
जा पहुँचा मैं वहाँ जहाँ पर वधूसरा बहती है,
च्यवनाश्रम के पास, पुलोमा की दृगम्बु-धारा-सी।

उर्वशी

च्यवनाश्रम! हा! हन्त! अपाले, मुझे घूँट भर जल दे।
[अपाला घबरा कर पानी देती है। उर्वशी पानी पीती है।]

पुरूरवा

देवि! आप क्यों सहम उठीं? वह, सचमुच, च्यवनाश्रम था।
ऋषि तरु पर से अपने सूखे वसन समेट रहे थे।
घूम रहे थे कृष्णसार मृग अभय वीथि-कुंजों में;
श्रवण कर रहे थे मयूर तट पर से कान लगा कर
मेघमन्द्र डुग-डुग-ध्वनि जलधारा में घट भरने की।
और, पास ही, एक दिव्य बालक प्रशान्त बैठा था
प्रत्यंचा माँजते वीर-कर-शोभी किसी धनुष की।
हाय, कहूँ क्या, वह कुमार कितना सुभव्य लगता था!

उर्वशी

दुर्विपाक! दुर्भाग्य! अपाले! तनिक और पानी दे।
उमड़ प्राण से, कहीं कंठ में, ज्वाला अटक गई है।
लगता है, आज ही प्रलय अम्बर से फूट पड़ेगा।
[पानी पीती है।]

पुरूरवा

देवि! स्वप्न से आप अकारण भीत हुए जाती हैं।
मैं हूँ जहाँ, वहाँ कैसे विध्वंस पहुँच सकता है?
भूल गईं, स्यन्दन मेरा नभ में अबाध उड़ता है?
मैं तो केवल ऋषि-कुमार का तेज बखान रहा था।

ऊरू-दंड परिपुष्ट, मध्य कृश, पृथुल, प्रलम्ब भुजाएँ,
वक्षस्थल उन्नत, प्रशस्त कितना सुभव्य लगता था!
उषा-विभासित उदय-शैल की, मानो, स्वर्ण-शिला हो।
उफ़ री, पय:शुभ्रता उन आयत, अलक्ष्म नयनों की!
प्राण विकल हो उठे दौड़ कर उसे भेंट लेने को।
पर, तत्क्षण सब बिला गया, जाने, किस शून्य तिमिर में!
न तो वहाँ अब ऋषि-कुमार था, न तो कुटीर च्यवन का।

देखा जिधर, उधर डालों, टहनियों, पुष्प-वृन्तों पर
देवि! आपका यही कुसुम-आनन जगमगा रहा था
हँसता हुआ, प्रहृष्ट, सत्य ही, सद्य:स्फुटित कमल-सा।
किन्तु, हाय! दुर्भाग्य! जिधर भी बढ़ा स्पर्श करने को,
डूब गया वह छली पुष्प पत्तों की हरियाली में।

चकित, भीत, विस्मित, अधीर तब मैं निरस्त माया से,
अकस्मात् उड़ गया छोड़ अवनीतल ऊर्ध्व गगन में,
और तैरता रहा, न जाने, कब तक खंड-जलद-सा।
जगा, अन्त को, जब विभावरी पूरी बीत चुकी थी।

वह बालक था कौन? कौन मुझ को छलने आई थी।
दिखा उर्वशी का प्रसन्न आनन डाली-डाली में?

महामात्य

महाश्चर्य!

एक सभासद्

विस्मय अपार!

दूसरा सभासद्

यह स्वप्न या कि कविता है
उज्ज्वलता में रमे, रूप-ध्यायी, रस-मग्न हृदय की?
और उड्डयन तो नैतिक उन्नति की ही महिमा है।
जो हो, मैं मंगल की शुभ सूचना इसे कहता हूँ।

तीसरा सभासद्

शान्ति! ज्योतिषी विश्वमना गणना में लगे हुए हैं।
सुनें, सिद्ध दैवज्ञ स्वप्न का फल क्या बतलाते हैं।

विश्वमना

हाय, इसी दिन के निमित्त मैं जीवित बचा हुआ था?
महाराज! यदि कहूँ सत्य तो गिरा व्यर्थ होती है।
मृषा कहूँ तो क्यों अब तक आदर पाता आया हूँ?
मुझ विमूढ़ को अतः, देव मौन ही आज रहने दें;
क्योंकि दीखता है जो कुछ, उसका आधार नहीं है।

पुरूरवा

किसका है आधार लुप्त? क्या है परिणाम गणित का?
यह प्रहेलिका और अधिक उत्कंठा उपजाती है।
कहें आप संकोच छोड़ कर, जो कुछ भी कहना हो,
गणित मृषा हो भले, आपको मिथ्या कौन कहेगा?

विश्वमना

वरुण करें कल्याण। देव! तब सुनें, सत्य कहता हूँ।
अमिट प्रव्रज्या-योग केन्द्र-गृह में जो पड़ा हुआ है,

वह आज ही सफल होगा, इसलिए कि प्राण-दशा में
शनि ने किया प्रवेश, सूक्ष्म में मंगल पड़े हुए हैं।

अन्य योग जो हैं, उनके अनुसार, आज सन्ध्या तक
आप प्रव्रजित हो जाएँगे अपने वीर तनय को
राज-पाट, धन-धाम सौंप, अपना किरीट पहना कर।

पर, विस्मय की बात! पुत्र वह अभी कहाँ जनमा है?
अच्छा है, पुत जाए कालिमा ही मेरे आनन पर;
लोग कहें, मर गई जीर्ण हो विद्या विश्वमना की।
इस अनभ्र आपद् से तो अपकीर्ति कहीं सुखकर है।

उर्वशी

आह! क्रूर अभिशाप! तुम्हारी ज्वाला बड़ी प्रबल है।
अरी, जली, मैं जली, अपाले! और तनिक पानी दे।
महाराज! मुझ हतभागी का कोई दोष नहीं है।

[पानी पीती है। दाह अनुभूत होने के भाव।]

पुरूरवा

किसका शाप? कहाँ की ज्वाला? कौन दोष? कल्याणी!
आप खिन्न होकर निज को हतभागी क्यों कहती हैं?
कितना था आनन्द गन्धमादन के विजन विपिन में!
छूट गई यदि पुरी, संग होकर हम वहीं चलेंगे।
आप, न जानें, किस चिन्ता से चूर हुई जाती हैं!
कभी आपको छोड़ देह यह जीवित रह सकती है?

[प्रतिहारी का प्रवेश]

प्रतिहारी

जय हो महाराज! वन से तापसी एक आई हैं;
कहती हैं, स्वामिनी उर्वशी से उनको मिलना है!
नाम सुकन्या; एक ब्रह्मचारी भी साथ लगा है।

पुरूरवा

सती सुकन्या! कीर्तिमयी भामिनी महर्षि च्यवन की?
सादर लाओ उन्हें; स्वप्न अब फलित हुआ लगता है।
पुण्योदय के बिना सन्त कब मिलते हैं राजा को?

[सुकन्या और आयु का प्रवेश]

पुरूरवा

इलापुत्र मैं पुरू पदों में नमस्कार करता हूँ।
देवि! तपस्या तो महर्षिसत्तम की वर्धमती है?
आश्रम-वास अविघ्न, कुशल तो है अरण्य-गुरुकुल में?

सुकन्या

जय हो, सब है कुशल।

उर्वशी! आज अचानक ऋषि ने
कहा : "आयु को पितृ-गेह आज ही गमन करना है!
अतः, आज ही, दिन रहते-रहते, पहुँचाना होगा,
जैसे भी हो, इस कुमार को निकट पिता-माता के।"
सो, ले आई, अकस्मात् ही, इसे; सुयोग नहीं था

पूर्व-सूचना का या इसको और रोक रखने का।
सोलह वर्ष पूर्व तुमने जो न्यास मुझे सौंपा था,
उसे आज सक्षेम सखी! तुम को मैं लौटाती हूँ।

बेटा! करो प्रणाम, यही हैं माँ, वे देव पिता हैं।

[आयु पहले उर्वशी को, फिर पुरूरवा को प्रणाम करता है। पुरूरवा उसे छाती से लगा लेता है।]

पुरूरवा

महाश्चर्य! अघटन घटना! अद्भुत अपूर्व लीला है!
यह सब सत्य-यथार्थ या कि फिर सपना देख रहा हूँ?

पुत्र! देवि! मैं पुत्रवान् हूँ? यह अपत्य मेरा है?
जनम चुका है मेरा भी त्राता पुं नाम नरक से?

अकस्मात् हो उठा उदित यह संचित पुण्य कहाँ का?
अमृत-अभ्र कैसे अनभ्र ही मुझ पर बरस पड़ा है?

पुत्र! अरे मैं पुत्रवान् हूँ, घोषित करो नगर में,
जो हो जहाँ, वहीं से मेरे निकट उसे आने दो।

द्वार खोल दो कोष-भवन का, कह दो पौर जनों से,
जितना भी चाहें, सुवर्ण आकर ले जा सकते हैं।

ऐल वंश के महा मंच पर नया सूर्य निकला है;
पुत्र-प्राप्ति का लग्न, आज अनुपम, अबाध उत्सव है।

पुत्र! अरे, कोई सँभाल रखो मेरी संज्ञा को,
न तो, हर्ष से अभी विकल-विक्षिप्त हुआ जाता हूँ।

पुत्र! अरे, ओ अमृत-स्पर्श! आनन्द-कन्द नयनों के!
प्राणों के आलोक! हाय! तुम अब तक छिपे कहाँ थे?

ऐल वंश का दीप, देवि! यह कब उत्पन्न हुआ था?
और आपने छिपा रखा इसको क्यों निष्ठुरता से?
हाय! भोगने से मेरा कितना सुख छूट गया है!

उर्वशी

अब से सोलह वर्ष पूर्व, पुत्रोष्टि-यज्ञ पावन में
देव! आप यज्ञेय विशिष्ट जीवन जब बिता रहे थे,
च्यवनाश्रम की तपोभूमि में तभी आयु जनमा था
मुझमें स्थापित महाराज के तेजपुंज पावक से।
किन्तु, छिपा क्यों रखा पुत्र का मुख पुत्रेच्छु पिता से,
आह! समय अब नहीं देव! वह सब रहस्य कहने का।
लगता है, कोई प्राणों को बेध लौह अंकुश से,
बरबस मुझे खींच इस जग से दूर लिये जाता है।

पुरूरवा

अच्छा, जो है गुप्त, गुप्त ही उसे अभी रहने दें।
आतुरता क्या हो रहस्य के उद्घाटित करने की,
जब रहस्य वपुमान् सामने ही साकार खड़ा हो?
सभासदो! कल रात स्वप्न में इसी वीर-पुंगव को
प्रत्यंचा माँजते हुए मैंने वन में देखा था।
और बढ़ा ज्यों ही उदग्र मैं इसे अंक भरने को,

यही दुष्ट छल मुझे कहीं कुंजों में समा गया था।
किन्तु, लाल! अब आलिंगन से कैसे भाग सकोगे?
यह प्रसुप्त का नहीं, जगे का सुदृढ़ वाहु-बन्धन है?

आयु

आयु तक रहा वियुक्त अंक से, यही क्लेश क्या कम है?
तात! आपकी छाँह छोड़ मैं किस निमित्त भागूँगा?
जब से पाया जन्म, उपोषण रहा धर्म प्राणों का;
हृदय भूख से विकल, पिता! मैं बहुत-बहुत प्यासा हूँ,
यद्यपि सारी आयु तापसी माँ का प्यार पिया है।

पुरूरवा

रुला दिया तुमने तो मेरे चन्द्र! व्यथा यह कह कर।
सुना देवि! यह लाल हमारा कितना तृषित रहा है
माँ के उर का क्षीर, पिता का स्नेह नहीं पाने से?

[उर्वशी अदृश्य हो चुकी है।]

महामात्य

महाराज! आश्चर्य! उर्वशी देवी यहाँ नहीं हैं?
कहाँ गईं? थीं खड़ी अभी तो यहीं निकट स्वामी के?

पुरूरवा

क्यों, जाएँगी कहाँ विमुख हो इस आनन्द सघन से?
किन्तु, अभी वे श्रान्त-चित्त, कुछ थकी-थकी लगती थीं;
जाकर देखो, स्यात् प्रमद-उपवन में चली गई हों
शीतल, स्वच्छ, प्रसन्न वायु में तनिक घूम आने को।

सुकन्या

वृथा यत्न; इस राज-भवन में अब उर्वशी नहीं है।
चली गई वह वहाँ, जहाँ से भूतल पर आई थी
खिंची आपके महा प्रेम के आकुल आकर्षण में।
भू वंचित हो गई आज उर चिर-नवीन सुषमा से।

महाराज! उर्वशी मानवी नहीं, देव-बाला थी;
चक्षुराग जब हुआ आपसे उस विलोल-हृदया ने,
किसी भाँति, कर दिया एक दिन कुपित महर्षि भरत को।
और भरत ने ही उसको यह दारुण शाप दिया था,

"भूल गई निज कर्म, लीन जिसके स्वरूप-चिन्तन में,
जा, तू बन प्रेयसी भूमि पर उसी मर्त्य मानव की।
किन्तु, न होंगे तुझे सुलभ सब सुख गृहस्थ नारी के,
पुत्र और पति नहीं, पुत्र या केवल पति पाएगी;
सो भी तब तक ही जिस क्षण तक नहीं देख पाएगा
अहंकारिणी! तेरा पति तुझ से उत्पन्न तनय को।"

वही शाप फल गया, उर्वशी चली गई सुरपुर को।
महाराज! मैं तो इसके हित उद्यत ही आई थी!
क्योंकि ज्ञात था मुझे, आयु को जभी आप देखेंगे,
गरज उठेगा शाप, उर्वशी भू पर नहीं रहेगी।
किन्तु, आयु को कब तक हम वंचित कर रख सकते थे
जाति, गोत्र, सौभाग्य, वंश से, परिजन और पिता से?

हुआ वही, जो कुछ होना था, पश्चात्ताप वृथा है।
अब दीजिए आयु को वह, जो कुछ वह माँग रहा है।

महाराज! सत्य ही, आयु का हृदय बहुत प्यासा है।

[पुरूरवा आयु से अलग हो जाता है।]

पुरूरवा

चली गई? सब शून्य हो गया? मैं वियुक्त, विरही हूँ?
देवों को मेरे निमित्त, बस, इतनी ही ममता थी!

लाओ मेरा धनुष, सजाओ गगन-जयी स्यन्दन को,
सखा नहीं, बन शत्रु स्वर्ग-पुर मुझे आज जाना है।
और दिखाना है, दाहकता किसकी अधिक प्रबल है,
भरत-शाप की या पुरूरवा के प्रचंड बाणों की?

कहाँ छिपा रखेंगे सुर मेरी प्रेयसी प्रिया को?
रत्नसानु की कनक-कन्दरा में? तो उस पर्वत को
स्वर्ण-धूलि बन वसुन्धरा पर आज बरस जाना है।
छिन्न-भिन्न होकर मनुष्य के प्रलय-दीप्त बाणों से।

दिव के वियल्लोक में छाए विपुल स्वर्ण-मेघों में?
तो मेघों के अन्तराल होकर अरुद्ध शम्पा-सा
दौड़ेगा मेरा विमान कम्पित कर प्राण सुरों के;
और उलट कर एक-एक मायामय मेघ-पटल को
खोजूँगा, उर्वशी व्योम के भीतर कहाँ छिपी है।

लाओ मेरा धनुष, यहीं से बाण साध अम्बर में
अभी देवताओं के वन में आग लगा देता हूँ।
फेंक प्रखर, प्रज्वलित, वह्निमय विशिख दृप्त मघवा को
देता हूँ नैवेद्य मनुजता के विरुद्ध संगर का।

और सिन्धु में कहीं उर्वशी को फिर छिपा दिया हो,
तो साजो विकराल सैन्य, हम आज महासागर को

मथ कर देंगे हिला, सिन्धु फिर पराभूत उगलेगा
वे सारे मणि-रत्न, बने होंगे जो भी उस दिन से,
जब देवों-असुरों ने इसको पहले पहल मथा था।

और उसी मन्थन-क्रम में बैठी तरंग-आसन पर
एक बार फिर पुनः उर्वशी निकलेगी सागर से
बिखराती मोहिनी उषा की प्रभा समस्त भुवन में,
जैसे वह पहले समुद्र के भीतर से निकली थी!

भूल गए देवता, झेल शत्रुता अमित असुरों की
कितनी बार उन्हें मैंने रण में जय दिलवाई है।
पर, इस बार ध्वंस बनकर जब मैं उन पर टूटूँगा,
आशा है, आप्रलय दाह विशिखों का स्मरण रहेगा;
और मान लेंगे यह भी, उर्वशी कहीं जनमी हो,
देवों की अप्सरा नहीं, वह मेरी प्राणप्रिया है।
उठो, बजाओ पटह युद्ध के, कह दो पौर जनों से,
उनका प्रिय सम्राट् स्वर्ग से वैर ठान निकला है;
साथ चले, जिसको किंचित् भी प्राण नहीं प्यारे हों।

महामात्य

महाराज हों शान्त; कोप यह अनुचित नहीं, उचित है।
तारा को लेकर पहले भी भीषण समर हुआ था
दो पक्षों में बँटे, परस्पर कुपित सुरों-असुरों में।
और सुरों के, उस रण में भी, छक्के छूट गए थे।

वह सब होगा पुनः, यही यदि रहा इष्ट स्वामी का।
पर, यद्यपि, यह समर खड़ा होगा मानवों-सुरों में,
किन्तु, दनुज क्या इस अपूर्व अवसर से अलग रहेंगे?
मिल जाएँगे वे अवश्य आकर मनुष्य-सेना में।

सुरता के ध्वंसन से बढ़कर उन्हें और क्या प्रिय है।
और टिकेंगे किस बूते पर चरण देवताओं के
वहाँ, जहाँ नर-असुर साथ मिल उनसे जूझ रहे हों?
इस संगर में महाराज! जय तो अपनी निश्चित है;
मात्र सोचना है, देवों से वैर ठान लेने पर
पड़ न जाएँ हम कहीं दानवों की अपूत संगति में।

नर का भूषण विजय नहीं, केवल चरित्र उज्ज्वल है।
कहती हैं नीतियाँ, जिसे भी विजयी समझ रहे हो,
नापो उसे प्रथम उन सारे प्रकट, गुप्त यत्नों से,
विजय-प्राप्ति-क्रम में उसने जिनका उपयोग किया है।

डाल न दे शत्रुता सुरों से हमें दनुज-बाँहों में,
महाराज! मैं, इसीलिए, देवों से घबराता हूँ।

पुरूरवा

कायरता की बात! तुम्हारे मन को सता रही है
भीति इन्द्र के निठुर वज्र की, देवों की माया की;
किन्तु, उसे तुम छिपा रहे हो सचिव! ओढ़ ऊपर से
मिथ्या वसन दनुज-संगति-कल्पना-जन्य दूषण का।

जब मनुष्य चीखता, व्योम का हृदय दरक जाता है,

सहम-सहम उठते सुरेन्द्र उसके तप की ज्वाला से।
और कहीं हो क्रुद्ध मनुज कर दे आह्वान प्रलय का,
स्वर्ग, सत्य ही, टूट गगन से भू पर आ जाएगा।
क्यों लेंगे साहाय्य दनुज का? हम मनुष्य क्या कम हैं?

बजे युद्ध का पटह, सिद्ध हो द्रुत योजना समर की।
यह अपमान असह्य, इसे सहने से श्रेष्ठ मरण है।

[नेपथ्य से आवाज़ आती है।]

''पीना होगा गरल, वेदना यह सहनी ही होगी।
सावधान! देवों से लड़ने में कल्याण नहीं है।
देव कौन हैं? शुद्ध, दग्धमल, श्रेष्ठ रूप मानव के;
तो अपने ही श्रेष्ठ रूप से मानव युद्ध करेगा
या उससे जो रूप अभी दानवी, दुष्ट, अमलिन है?''

पुरूरवा

यह किसका स्वर? कौन यवनिकाओं में छिपा हुआ है?
जो भी होती घटित आज, अचरज की ही घटना है।
बड़ी अनोखी बात! कौन हो तुम, जो बोल रहे हो
इतने सूक्ष्म विचार? छिपे हो कहाँ, भूमि या नभ में?

[नेपथ्य से आवाज]

मैं प्रारब्ध चन्द्रकुल का, संचित प्रताप तेरा हूँ,
बोल रहा हूँ तेरे ही प्राणों के अगम, अतल से।

अनुचित नहीं गर्व क्षणभंगुर वर्तमान की जय का;
पर, अपने में डूब कभी यह भी तूने सोचा है,
तेरे वर्तमान मन पर जिनका भविष्य निर्भर है,
अनुत्पन्न उन शत-सहस्त्र मनुजों के मुखमंडल पर
कौन बिम्ब, क्या प्रभा, कौन छाया पड़ती जाती है?

जैसे तूने प्रणय-तूलिका और लौह-विशिखों से
ओजस्वी आख्यान आत्मजीवन का आज लिखा है,
वैसे ही, कल चन्द्र-वंश वालों के विपुल हृदय में
लौह और वासना समन्वित होकर नृत्य करेंगे।

अतुल पराक्रम के प्रकाश में भी यह नहीं छिपेगा,
ताराहार विधु के विलास से ये मनुष्य जनमे हैं।

चिन्तन कर यह जान कि तेरे क्षण-क्षण की चिन्ता से
दूर-दूर तक के भविष्य का मनुज जन्म लेता है।
उठा चरण यह सोच कि तेरे पद के निक्षेपों की
आगामी युग के कानों में ध्वनियाँ पहुँच रही हैं।

और प्रेम! वह बना नहीं क्यों अश्रुधार करुणा की,
आराधन उन दिव्य देवता का, जो छिपे हुए हैं
रमणी के लावण्य, रमा-मुख के प्रकाश-मंडल में?
बना नहीं क्यों वह अखंड आलोक-पुंज जीवन का,
जिसे लिये तू और व्योम में ऊपर उठ सकता था?

अरुण अधर, रक्तिम कपोल, कुसुमासव घूर्ण दृगों में;
आमंत्रण कितना असह्य माया-मनोज्ञ प्रतिमा का!

ग्रीवा से आकटि समन्त उद्वेलित शिखा मदन की,
आलोड़ित उज्ज्वल असीमता-सी सम्पूर्ण त्वचा में;
वक्ष प्रतीप कमल, जिन पर दो मूँगे जड़े हुए हैं;
त्रिवली किसी स्वर्ण-सरसी में उठती हुई लहर-सी।
किन्तु, नहीं श्लथ हुईं भुजाएँ किन विक्रमी नरों की
आलिंगन में इस मरीचिका को समेट रखने में?
पृथुल, निमंत्रण-मधुर, स्निग्ध, परिणत, विविक्त जघनों पर
आकर हुआ न ध्वस्त कौन हतविक्रम असृक्-स्त्रवण से?

जिसने भी की प्रीति, वही अपने विदीर्ण प्राणों में
लिये चल रहा व्रण, शोणितमय तिलक प्रेम के कर का;
और चोट जिसकी जितनी ही अधिक, घाव गहरा है,
वह उतना ही कम अधीर है व्यथा-मुक्ति पाने को।

नारी के भीतर असीम जो एक और नारी है,
सोचा है, उसकी रक्षा पुरुषों में कौन करेगा?
वह, जो केवल पुरुष नहीं, है किंचित् अधिक पुरुष से;
उर में जिसके सलिल-धार, निश्चल महीध्र प्राणों में,
कलियों की उँगलियाँ, मुट्ठियाँ हैं जिसकी पत्थर की।

कह सकता है पुरू! कि तू पुरुषाधिक यही पुरुष है?
तो फिर भीतर देख, शिलोच्चय शिखर-शैल मानस का
अचल खड़ा है या प्रवात-ताड़न से डोल रहा है?
यह भी देख, भुजा कुसुमों का दाम कि वज्र-शिला है?
हाथों में फूल ही फूल हैं या कुछ चिनगारी भी?

विद्व्याधिनी भी जीवन में तुझ को कहीं मिली थी?

पूछा जब तूने भविष्य, उसने क्या बतलाया था?
त्रिया! हाय, छलना मनोज्ञ वह! पुरुष मग्न हँसता है,
जब चाहिए उसे रो उठना कंठ फाड़, चिल्ला कर।
पूछ रहा क्या भाग्य ज्योतिषी से, अंकविद, गणक से?
हृदय चीर कर देख, प्राण की कुंजी वहीं पड़ी है।
अन्तर्मन को जगा पूछ, वह जो संकेत करेगा,
तुझे मिलेगी मन:शान्ति उपवेशित उसी दिशा में।

बिना चुकाए मूल्य जगत् में किसने सुख भोगा है?
तुझ पर भी है पुरू! शेष जो ऋण अपार जीवन का।
भाग नहीं सकता तू उसको किसी प्रकार पचा कर।

नहीं देखता, कौन तरेरे नयन समक्ष खड़ा है?
पुरूरवा! यह और नहीं कोई, तेरा जीवन है।
जो कुछ तूने किया प्राप्त अब तक इसके हाथों से,
देना होगा मूल्य आज गिन-गिन उन सभी क्षणों का।

पर, कैसे? जा स्वर्ग उर्वशी को फिर ले आएगा?
अथवा अपने महा प्रेम के बलशाली पंखों पर
चढ़ असीम उड्डयन भरेगा मन के महा गगन में,
जहाँ त्रिया कामिनी नहीं, छाया है परम विभा की,
जहाँ प्रेम कामना नहीं, प्रार्थना निदिध्यासन है?
खोज रहा अवलम्ब? किन्तु, बाहर इस ज्वलित द्विधा का
कोई उत्तर नहीं। पुन: मैं वही बात कहता हूँ,
हृदय चीर कर देख, वहीं पर कुंजी कहीं पड़ी है।

पुरूरवा

देख क्रिया। मंत्रियो! एक क्षण का भी समय नहीं है;
पुरोहित करें स्वस्ति-वाचन शुभ राजतिलक का।
विश्वमना का फलादेश चरितार्थ हुआ जाता है।

मृपा बन्ध विक्रम-विलास का, मृषा मोह माया का;
इन दैहिक सिद्धियों, कीर्तियों के कंचनावरण में,
भीतर ही भीतर, विपण्ण मैं कितना रिक्त रहा हूँ!
अन्तरतम के रुदन, अभावों की अव्यक्त गिरा को
कितनी बार श्रवण करके भी मैंने नहीं सुना है!
पर, अब और नहीं, अवहेला अधिक नहीं इस स्वर की,
ठहरो आवाहन अनन्त के! मूक निनद प्राणों के!
पंख खोल कर अभी तुम्हारे साथ हुआ जाता हूँ।

दिन-भर लुटा प्रकाश, विभावसु भी प्रदोष आने पर
सारी रश्मि समेट शैल के पार उतर जाते हैं
बैठ किसी एकान्त प्रान्त, निर्जन कन्दरा, दरी में
अपना अन्तर्गगन रात में उद्भासित करने को।
तो मैं ही क्यों रहूँ सदा तपता मध्याह्न-गगन में?
नये सूर्य की क्षितिज छोड़ ऊपर नभ में आने दो।
पहुँच गया मेरा मुहूर्त्त, किरणें समेट अम्बर से
चक्रवाल के पार विजन में कहीं उतर जाने का।

यह लो, अपने घूर्णिमान् सिर पर से इसे हटा कर
ऐल-वंश का मुकुट आयु के मस्तक पर धरता हूँ।
लो, पूरा हो गया राज्य-अभिषेक! कृपा पूषण की।
ऐल-वंश-अवतंस नये सम्राट् आयु की जय हो।

महाराज! मैं भार-मुक्त अब कानन को जाता हूँ।

भाग्यदोष सध सका नहीं मुझसे कर्तव्य पिता का;
अब तो केवल प्रजा-धर्म है, सो, उसका पालूँगा,
जहाँ रहूँगा, वहीं महाभृत् का अभ्युदय मना कर।
यती निःस्व क्या दे सकता है सिवा एक आशीष के?

सभासदो! कालज्ञ आप, सब के सब, कर्म-निपुण हैं,
क्या करना पटु को निदेश समयोचित कर्तव्यों का?
प्रजा-जनों से मात्र हमारा आशीर्वाद कहेंगे।

जय हो, चन्द्र-वंश अब तक जितना सुरम्य, सुखकर था,
उसी भाँति वह सुखद रहे आगे भी प्रजा-जनों को।

[एक ओर से पुरूरवा का निष्क्रमण : दूसरी ओर से महारानी औशीनरी का प्रवेश]

औशीनरी

चले गए?

सभी सभासद्

जय हो अनुकम्पामयी राजमाता की।

औशीनरी

हाँ, मैं अभी राजमहिषी थी, चाहें जहाँ कहीं भी
इस प्रकाश से दूर भाग्य ने मुझे फेंक रखा था।
किन्तु, नियति की बात! सत्य ही, अभी राजमाता हूँ।

आ बेटा! लूँ जुड़ा प्राण छाती से तुझे लगा कर।

[आयु को हृदय से लगाती है।]

कितना भव्य स्वरूप! नयन, नासिका, ललाट, चिबुक में
महाराज की आकृतियों का पूरा बिम्ब पड़ा है।
हाय, पालती कितने सुख, कितनी उमंग, आशा से,
मिला मुझे होता यदि मेरा तनय कहीं बचपन में।

पर, तब भी क्या बात? मनस्वी जिन महान् पुरुषों को
नई कीर्ति की ध्वजा गाड़नी है उत्तुंग शिखर पर,
बहुधा उन्हें भाग्य गढ़ता है तपा-तपा पावक में,
पाषाणों पर सुला, सिंह-जननी का क्षीर पिला कर।

सो, तू पला गोद में जिनकी, सीमन्तिनी-शिखा वे,
और नहीं कोई, जाया हैं तपोनिधान च्यवन की;
तपःसिंह की प्रिया, सत्य ही, केहरिणी सतियों में।
पुत्र! अकारण नहीं भाग्य ने तुझे वहाँ भेजा था।

हाय, हमारा लाल चकित कितना निस्तब्ध खड़ा है!
और कौन है, जो विस्मित, निस्तब्ध न रह जाएगा
इस अकांड राज्याभिषेक, उस वट के विस्थापन से
जिसकी छाया हेतु दूर से वह चल कर आया हो?

कितना विषम शोक! पहले तो जनमा वन-कानन में;
जब महार्घ थी, मिली नहीं तब शीतल गोद पिता की।
और स्वयं आया समीप, तब सहसा चले गए वे

राजपाट, सर्वस्व सौंप, केवल वात्सल्य चुरा कर।
नीरवता रवपूर्ण, मौन तेरा, सब भाँति, मुखर है;
बेटा! तेरी मनोव्यथा यह किस पर प्रकट नहीं है?
पर, अब कौन विकल्प? सामने शेष एक ही पथ है
मस्तकस्थ इस राजमुकुट का भार वहन करने का।

उदित हुआ सौभाग्य आयु! तेरा अपार संकट में।
किन्तु, छोड़ कर तुझे, विपद् में हमें कौन तारेगा?
मलिन रहा यदि तू, किसके मुख पर मुसकान खिलेगी?
तू उबरा यदि नहीं, महा प्लावन से कौन बचेगा?

पिता गए वन, किन्तु, अरे, माता तो यहीं खड़ी है।
बेटा! अब भी तो अनाथ नरनाथ नहीं ऐलों का।
तुझे प्यास वात्सल्य-सुधा की, मैं भी उसी अमृत से
बिना लुटाए कोष हाय! आजीवन भरी रही हूँ।

फला न कोई शस्य, प्रकृति से जो भी अमृत मिला था,
लहर मारता रहा टहनियों में, सूनी डालों में।
किन्तु, प्राप्त कर तुझे आज, बस, यही भान होता है,
शस्य-भार से मेरी सब डालियाँ झुकी जाती हों।
हाय, पुत्र! मैं भी जीवन भर बहुत-बहुत प्यासी थी;
शीतल जल का पात्र अधर से पहले-पहल लगा है।

तप्त बना मत इसे वीरमणि! द्विधा, ग्लानि, चिन्ता से।
नहीं देखता, मैं विपन्नता में किस भाँति खड़ी हूँ,
गँवा शतक्रतु-सम प्रतापशाली, महान् भर्त्ता को,
अन्तर से उच्छलित वेदना का विस्फोट दबा कर?

और हाय, तब भी, मैं केवल त्रिया, भीरु नारी हूँ;
रुदन छोड़ विधि ने सिरजा क्या और भाग्य नारी का?
पर, किशोर होने पर भी बेटा! तू वीर नृपति है।
नृपति नहीं टूटते कभी भी निजी विपत्ति-व्यथा से;
अपनी पीड़ा भूल यंत्रणा औरों की हरते हैं।

हँसते हैं, जब किरण हास्य की हो सब के अधरों पर,
रोते हैं, जब प्रजा-जनों के नयन सिक्त होते हैं।
अपनी पीड़ा कहाँ, उसे अपना आनन्द कहाँ है,
जिस पर चढ़ा किरीट, भार दुर्वह समाज-शासन का?
किन्तु, हाय, हो गया यहाँ यह सब क्या एक निमिष में?

महामात्य

घटित हुआ सब, इस प्रकार, मानो, अदृश्य के कर में
नाच रही हो पराधीन यह सभा दारु-पुतली-सी।
सब की बुद्धि समेट, सभी को अपना पाठ सिखा कर
यह नाटक दुखान्त भाग्य ने स्वयं यहाँ खेला है।

कौन जानता था, अनभ्र ही अशनि आज टूटेगी?
मिला कहाँ आभास देवि! हमको आसन्न विपद् का?
कुछ तो भाग्य-अधीन और कुछ महाराज के भय से
हम स्तम्भित रह गए; गिरा खोलें-खोलें, तब तक तो
राज-मुकुट नृप से कुमार के सिर पर पहुँच चुका था।

सब कुछ हुआ, मरुत जैसे अम्बर में दौड़ रहे हों,
जैसे कोई आग शुष्क कानन को जला रही हो;
सब कुछ हुआ, देवि! जैसे हम मनुज नहीं, पत्थर हों,

जैसे स्वयं अभाग्य हमें आगे को हाँक रहा हो।
चले गए सम्राट् छोड़ हमको अपार विस्मय में,
कह पाए हम कहाँ देवि! जो कुछ हमको कहना था?

औशीनरी

कौन सका कह व्यथा? नहीं देखा, समग्र जीवन में
जो कुछ हुआ, देख उसको मैं कितनी मौन रही हूँ
कोलाहल के बीच मूकता की अकम्प रेखा-सी?
वाणी का वर्चस्व रजत है, किन्तु, मौन कंचन है।
पर, क्या मिला, अन्त में जाकर, मुझको इस कंचन से?
उतरा सब इतिहास, जहाँ निर्घोष, निनद, कलकल था;
चले गए उस मूक नीड़ की छाया सभी बचा कर
घटनाओं से दूर जहाँ मैं अचल, शान्त बैठी थी।

महाराज कितने उदार, कितने मृदु, भाव-प्रवण थे!
मुझ अभागिनी को उनने कितना सम्मान दिया था!
पर, चलने के समय कृपा अपनी क्यों भूल गए वे?
रहा नहीं क्यों ध्यान, दानवाकृति इस बड़े भवन में
कहीं उपेक्षित, शान्त एक वह भी धूमिल कोना है,
कभी भूल कर भी जातीं घटनाएँ नहीं जहाँ पर,
न तो जहाँ इतिहासों की पदचाप सुनी जाती है;
जहाँ प्रणय नीरव, अकम्प, कामना, स्निग्ध, शीतल है,
अभिलाषाएँ नहीं व्यग्र अपनी ही ज्वालाओं से;

जहाँ नहीं चरणों के नीचे अरुण सेज मूँगों की,
न तो तरंगों में ऊपर नागिनियाँ लहराती हैं;
जहाँ नहीं बमती कृशानु सुषमा कपोल, अधरों की,

न तो छिटकती हैं रह-रहकर चिनगारियाँ त्वचा से;
स्थापित जहाँ शुभेच्छु, समर्पित हृदय विनम्र त्रिया का,
उद्वेगों से अधिक स्वाद है जहाँ शान्ति, संयम में;
एक पात्र में जहाँ क्षीर, मधुरस, दोनों संचित हैं,
छिपे हुए हैं जहाँ सूर्य-शशधर एक ही हृदय में;
जहाँ भामिनी नहीं मात्र प्रेयसी विमुग्ध पुरुष की,
अमृत-दायिनी, बल-विधायिनी माता भी होती है।

भूल गए क्यों दयित, हाय, उस नीरव, निभृत निलय में
बैठी है कोई अखंड व्रतमयी समाराधन में,
अश्रुमुखी माँगती एक ही भीख त्रिलोक-भरण से,
कण भर भी मत अकल्याण हो प्रभो! कभी स्वामी का।
जो भी हो आपदा, मुझे दो, मैं प्रसन्न सह लूँगी,
देव! किन्तु मत चुभे तुच्छतम कंटक भी प्रियतम को।

किन्तु, हाय, हो गई मृषा साधना सकल जीवन की;
मैं बैठी ही रही ध्यान में जोड़े हुए करों को;
चले गए देवता बिना ही कहे बात इतनी भी,
हतभागी! उठ, जाग, देख, मैं मन्दिर से जाता हूँ।

याग-यज्ञ, व्रत-अनुष्ठान में, किसी धर्म-साधन में
मुझे बुलाए बिना नहीं प्रियतम प्रवृत्त होते थे।
तो यह अन्तिम व्रत कठोर कैसे संन्यास सधेगा
किये शून्य वामांक, त्याग मुझ संन्यासिनी प्रिया को?

और त्यागना ही था तो जाते-जाते प्रियतम ने
ले लेने दी नहीं धूलि क्यों अन्तिम बार पदों की?

मुझे बुलाए बिना अचानक कैसे चले गए वे?
अकस्मात् ही मैं कैसे मर गई कान्त के मन में?

शुभे! गाँस यह सदा हृदय-तल में सालती रहेगी,
मेरा ही सर्वस्व हाय, मुझसे यों बिछुड़ गया है,
मानो, उस पर मुझ अभागिनी का अधिकार नहीं हो।

सुकन्या

देवि! यही है नियम; पाश जो क्षणिक, क्षाम, दुर्बल हैं,
वैराग्योन्मुख पुरुष नहीं उन बन्धों से डरता है।
जन्म-जन्म की जहाँ, किन्तु, शृंखला अभंग पड़ी है,
यती निकल भागता उधर से आँखें सदा चुराकर।

परामर्श क्यों करे मुक्तिकामी अपने बन्धन से?
गृहिणी की यदि सुने, गेह से कौन निकल सकता है?
विस्मय की क्या बात? यहाँ जो हुआ, वही होना था।
अचरज नहीं, आप से मिलकर नृप यदि नहीं गए हैं।

औशीनरी

पतिव्रते! पर, हाय, चोट यह कितनी तिग्म, विषम है?
कैसी अवमानना! प्रतारण कितना तीव्र गरल-सा!
मैं अवध्य, निर्दोष, विचारा यह क्यों नहीं दयित ने?
छला किसी ने और वज्र आ गिरा किसी के सिर पर।

गँवा दिया सर्वस्व हाय, मैंने छिप कर छाया में,
अस्वीकृत कर खुली धूप में आँख खोल चलने से।

देवि! प्रेम के जिस तट पर अप्सरा स्नान करती है,
गई नहीं क्यों मैं तरंग-आकुल उस रसित पुलिन पर?

पछताती हूँ हाय, रक्त आवरण फाड़ व्रीड़ा का
व्यंजित होने दिया नहीं क्यों मैंने उस प्रमदा को
जो केवल अप्सरा नहीं, मुझमें भी छिपी हुई थी?

बसी नहीं क्यों कुसुम-दाम बन उन विशाल बाँहों में?
लगी फिरी क्यों नहीं पुष्प-स्रज बन उदग्र ग्रीवा से?
बेध रहे थे उठा शरासन जब से वक्ष तिमिर का,
बनी न क्यों शिंजिनी, हाय, तब मैं उस महा धनुष की?

गई नहीं क्यों संग-संग मैं धरणी और गगन में
जहाँ-जहाँ प्रिय को महान् घटनाएँ बुला रही थीं?
अंकित थे कर रहे प्राणपति जब आख्यान विजय का
पर्ण-पर्ण पर, लहर-लहर में, उन्नत शिखर-शिखर पर,
समा गई क्यों नहीं, हाय, तब मैं जीवन्त प्रभा-सी
बाणों के फलकों, कृशानु की लोहित रेखाओं में?

जीत गईं वे जो लहरों पर मचल-मचल चलती थीं,
उड़ सकती थीं खुली धूप में, मेघों-भरे गगन में।
हारी मैं इसलिए कि मेरे व्रीडा-विकल दृगों में।
खुली धूप की प्रभा, किरण कोलाहल की गड़ती थी।

देखा ही कुछ नहीं, कहाँ, क्या महिमा बरस रही है
अन्तर की छाया-निवास से बाहर कभी निकल कर।
हाय, भाग्य ने मुझे खींच इस त्रपा-त्रस्त छाया से
फेंक दिया क्यों नहीं धूप में, उस उन्मुक्त भुवन में।

जहाँ तरंगाकुल समुद्र जीवन का लहराता है
और पुरुष हो रणारूढ़, विशिखों के निक्षेपन से—
पूर्व, पास में खड़ी प्रिया का मुख निहार लेता है?

हाय सती! मैं ही कदर्य, दोषी, अनुदार, कृपण हूँ,
केवल शुभ कामना, मंगलैषा से क्या होता है?
मैं ही दे पाई न भावमय वह आहार पुरुष को
जिसकी उन्हें अपार क्षुधा, उतनी आवश्यकता थी।

मुझे भ्रान्ति थी जो कुछ था मेरा, सब चढ़ा चुकी हूँ;
शेष नहीं अब कोई भी पूजा-प्रसून डाली में;
किन्तु, हाय, प्रियतम को जिसकी सब से अधिक तृषा थी,
अब लगता है, चूक गई मैं वही सुरभि देने से।

रही समेटे अलंकार क्यों लज्जामयी वधू-सी?
बिखर पड़ी क्यों नहीं कुट्टमित, चकित, ललित, लीला में?
बरस गई क्यों नहीं घेर सारा अस्तित्व दयित का
मैं प्रसन्न, उद्दाम, तरंगित, मदिर मेघ-माला-सी?

हार गई मैं हाय! अनुत्तम, अपर ऋद्धि जीवन की
प्राणों के प्रार्थना-भवन में बैठी ध्यान लगाकर।

सुकन्या

देवि! आपकी व्यथा, सत्य ही, अति दुरन्त, दुस्सह है;
आजीवन यह गाँस हृदय से, सचमुच, नहीं कढ़ेगी।
पर, इस ग्लानि, प्रदाह, आत्म-पीड़न से अब क्या होगा?
उन्मूलित वाटिका नहीं फिर से बसनेवाली है।
उसे देख कर जिएँ, नया पादप जो आन मिला है।

जितना भी सिर धुनें शोक से प्रियतम की विच्युति पर,
किन्तु, सुचरिते! यह अचिन्त्य विस्मय की बात नहीं है।
पुरुष वहीं विक्रान्त, भीम, दुर्जय, कराल होता है,
जहाँ सामने तथ्य खड़े हो, अरि हों, चट्टानें हों।

पर, जब कभी युद्ध ठन जाता इसी अजेय पुरुष का
अपने ही मन की तरंग, अपनी ही किसी तृषा से,
उससे बढ़ कर और कौन कायर जग में होता है?
कर लेता है आत्मघात, क्या कथा यतीत्व-ग्रहण की?

पर के फेंके हुए पाश से पुरुष नहीं डरता है,
वह, अवश्य ही, काट फेंकता उसे बाहु के बल से।
पर, फँस जाता जभी वीर अपनी निर्मित उलझन में,
निकल भागने की उसको तब राह नहीं मिलती है।

इसीलिए, दायित्व गहन, दुस्तर गृहस्थ नारी का।
क्षण-क्षण सजग, अनिद्र-दृष्टि देखना उसे होता है,
अभी कहाँ है व्यथा? समर में लौटे हुए पुरुष को
कहाँ लगी है प्यास, प्राण में काँटे कहाँ चुभे हैं?

बुरा किया यदि शुभे! आपने देखा नहीं, नृपति के
कहाँ घाव थे, कहाँ जलन थी, कहाँ मर्म-पीड़ा थी?

यह भी नियम विचित्र प्रकृति का जो समर्थ, उद्भट है,
दौड़ रहा ऊपर पयोधि के खुले हुए प्रांगण में;
और त्रिया जो अबल, मात्र आँसू, केवल करुणा है,
वही बैठ सम्पूर्ण सृष्टि के महा मूल निस्तल में
छिगुनी पर धारे समुद्र को ऊँचा किये हुए है।

इसीलिए, इतिहास, तुच्छ अनुचर प्रकाश, हलचल का,
किसी त्रिया की कथा नहीं तब तक अंकित करता है,
छाँह छोड़ जब तक आकर वह वरवर्णिनी प्रभा में
बैठ नहीं जाती नरत्व ले नर के सिंहासन पर।
या जब तक मोहिनी फेंक मदनायित नयन-शरों की
किसी पुरुष को ले जग में विक्षोभ नहीं भरती है।

देवि! ग्लानि क्या, हम इतिहासों में यदि प्रथित नहीं हैं?
अपनी सहज भूमि नारी की धूप नहीं, छाया है।
इतिहासों की सकल दृष्टि केन्द्रित, बस, एक क्रिया पर।
किन्तु, नारियाँ क्रिया नहीं, प्रेरणा, प्रीति, करुणा हैं;
उद्गम-स्थली अदृश्य, जहाँ से सभी कर्म उठते हैं।

लिखता है इतिहास कथा उस जनाकीर्ण जीवन की;
जहाँ सूर्य का प्रखर ताप है, भीषण कोलाहल है।
पर, फैला है जहाँ चान्द्र साम्राज्य मूक नारी का;
वह प्रदेश एकान्त, बोलता केवल संकेतों में।

अन्वेषी इतिहास शूरता का, संघर्ष-सुयश का;
किन्तु, हाय, शूरता नारियों की नीरव होती है;
वह सशब्द आघात नहीं, ममता है, कष्ट-सहन है।

सदा दौड़ता ही रहता इतिहास व्यग्र इस भय से,
छूट न जाए कहीं संग भागते हुए अवसर का;
किन्तु, अचंचल त्रिया बैठ अपने गभीर प्राणों में
अनुद्विग्न, अनधीर काल का पथ देखा करती है

पर, तब भी हम छिन्न नहीं इतिहासों की धारा से।
कौन नहीं जानता, पुरुष जब थकता कभी समर में,
किस मुख का कर ध्यान, याद कर किसके स्निग्ध दृगों को
क्लान्ति छोड़ वह पुनः नये पुलकों से भर जाता है?

और कौन प्रति प्रात हाँक नर को बाहर करती है
नई ऊर्मि, नूतन उमंग-आशा से उसे सजा कर
लड़ने को जा वहाँ, जहाँ जीवन-रण छिड़ा हुआ है,
करने को निज अंश-दान इतिहासों के प्रणयन में?

और साँझ के समय पुरुष जब आता लौट समर से,
दिन भर का इतिहास कौन उसके मुख से सुनती है
कभी मन्द स्मिति-सहित, कभी आँखों से अश्रु बहाकर?

नारी क्रिया नहीं, वह केवल क्षमा, क्षान्ति, करुणा है।
इसीलिए, इतिहास पहुँचता जभी निकट नारी के,
हो रहता वह अचल या कि फिर कविता बन जाता है।

हाय, स्वप्न! जाने, भविष्य भू का वह कब आएगा,
जब धरती पर निनद नहीं, नीरवता राज करेगी;
दिन भर कर संघर्ष पुरुष जो भी इतिहास रचेगा,
बन जाएगा काव्य, साँझ होते ही, भवन-भवन में!

अभी चंड मध्याह्न, सूर्य की ज्वाला बहुत प्रखर है;
दिवस लग्न अनुकूल वह्नि के, पौरुष-पूर्ण गुणों के।
जब आएगी, रात, स्यात्, तब शान्त, अशब्द क्षणों में
मही सिक्त होगी नरेश्वरी की शीतल महिमा से।

और देवि! जिन दिव्य गुणों को मानवता कहते हैं,
उसके भी अत्यधिक निकट नर नहीं, मात्र नारी है।
जितना अधिक प्रभुत्व-तृषा से पीड़ित पुरुष-हृदय है,
उतने पीड़ित कभी नहीं रहते हैं प्राण त्रिया के।

कहते हैं, जिसने सिरजा था हमें, प्रकांड पुरुष था;
इसीलिए, उसने प्रवृत्ति नर में दी स्वत्व-हरण की।
और नारियों को विरचा उसने कुछ इस कौशल से,
हम हो जाती हैं कृतार्थ अपने अधिकार गँवा कर।

किन्तु, कभी यदि हमें मिला निर्बाध सुयोग सृजन का,
हम होकर निष्पक्ष सुकोमल ऐसा पुरुष रचेंगी,
कोलाहल, कर्कश निनाद में भी जो श्रवण करेगा
कातर, मौन पुकार दूर पर खड़ी हुई करुणा की;
और बिना ही कहे समझ लेगा, आँखों-आँखों में,
मूक व्यथा की कसक, आँसुओं की निस्तब्ध गिरा को।

औशीनरी

कितना मधुर स्वप्न! कैसी कल्पना चान्द्र महिमा की!
नारी का स्वर्णिम भविष्य, जाने, वह अभी कहाँ है!
हम तो चलीं भोग उसको, जो सुख-दुख हमें बदा था,
मिले अधिक उज्ज्वल, उदार युग आने की ललना को।

आयु

माँ! हताश मत हो, भविष्य वह चाहे कहीं छिपा हो,
मैं आया हूँ अग्रदूत बन उसी स्वर्ण-जीवन का।
पिया दूध ही नहीं, जननि! मैं करुणामयी त्रिया के
क्षीरोज्ज्वल कल्पना-लोक में पल कर बड़ा हुआ हूँ।

जो कुछ मिला, मातृ-ममता से, माँ के सजल हृदय से,
पिता नहीं, मैंने जीवन में माताएँ देखी हैं।
दिया एक ने जन्म, दूसरी माँ ने लगा हृदय से
पाल-पोस कर बड़ा किया आँखों का अमृत पिलाकर;
अब मैं होकर युवा खोजते हुए यहाँ आया हूँ
राज-मुकुट को नहीं, तीसरी माँ के ही चरणों को।

माँ! मैं पीछे नृप किशोर, पहले तेरा बेटा हूँ।

[आयु औशीनरी के चरणों पर गिरता है। औशीनरी उसे उठाकर हृदय से लगाती और अपने आँसू पोंछती है।]

सुकन्या

बरस गया पीयूष; देवि! यह भी है धर्म त्रिया का
अटक गई हो तरी मनुज की किसी घाट-अवघट में,
तो छिगुनी की शक्ति लगा नारी फिर उसे चला दे;
और लुप्त हो जाए पुनः आतप, प्रकाश, हलचल से।

सो वह चलने लगी; आइए, वापस लौट चलें हम,
मैं अपने घर, देवि! आप अपने प्रार्थना-भवन में।
त्यागमयी हम कभी नहीं रुकती हैं अधिक समय तक।
इतिहासों की आग बुझा कर भी उनके पृष्ठों में।

परिशिष्ट

तृतीय अंक

मणिकुट्टिम = अंग्रेज़ी शब्द, 'मोज़ेक', के अर्थ में प्रयुक्त।

ऋक्षकल्प = नक्षत्र-कल्प।

चन्द्रलिंग = जिसका लक्षण या सूचक चन्द्रमा हो।

बृंहित = बढ़ा हुआ, उस अर्थ में जिसमें आकाश (स्पेस) सतत वर्धनशील है।

चतुर्थ अंक

"और अप्सरा सन्ततियों का पालन कब करती है?"

पुराणों में निम्नलिखित कथाएँ देखिए: शुकदेवजी का जन्म धृताची से, मत्स्यगन्धा का जन्म उपरिचर और अद्रिका से, प्रमद्वरा का जन्म विश्वावसु मुनि और मेनका से। राजा आग्नीध्र और पूर्वचिति, मुनिश्वर कंडु और प्रम्लोचा तथा मेनका और विश्वामित्र की कथाएँ भी। गंगा ने भी अपने आठ पुत्रों में से किसी का पालन नहीं किया। हाँ, मेनका एक ऐसी अप्सरा अवश्य है, जिसके भीतर मातृत्व कुछ अधिक सजीव था। दुष्यन्त के यहाँ से शकुन्तला जब निकाल दी गई, तब सहसा मेनका आकर उसे उठा ले गई, ऐसा साक्ष्य कालिदास की कल्पना देती है।

पंचम अंक

अर्यमा	= सूर्य।
अभिषुत सोम	= पीसा हुआ सोम।
आहवनीय	= हवन के उपयुक्त।
अश्विद्वय	= दोनों अश्विनी कुमार।
निषण्ण	= उपविष्ट।
वधूसरा	= च्यवन की माता का नाम पुलोमा था। दैत्य द्वारा पीड़ित होने पर वधूसरा उसके आँसुओं से निकली थी। च्यवन की पहली पत्नी का नाम आरुषी था। जब प्रसव-काल में उसका देहान्त हो गया, च्यवन तपस्या में चले गए और तपस्या के आसन से उठकर दुबारे उन्होंने प्रेम किया।
रत्नसानु	= स्वर्ग का एक पर्वत जो सोने का है।
शतक्रतु	= इन्द्र का नाम, इस कारण कि उन्होंने सौ यज्ञ किये थे। कहते हैं, पुरूरवा भी शतक्रतु थे।
लक्ष्म	= चिह्न या दाग़।
त्रपा	= लज्जा।
ऋत	= वह शृंखला अथवा नियम जो समग्र सृष्टि के भीतर व्याप्त है और जिसके अधीन, समान कारण से समान फल की उत्पत्ति होती है।
उदग्र	= उत्कंठित।
विभावसु	= सूर्य।
पूण, वरुण, मरुद्‌गण	= वैदिक देवता।